Basteln mit Filz

Petra Berger

Basteln mit Filz

Anleitungen zum Herstellen von Puppen,
Spielzeug und kleinen Geschenken

Verlag Freies Geistesleben

Die Deutsche Bibliothek – CIP Einheitsaufnahme

Petra Berger:
Basteln mit Filz. Anleitungen zum Herstellen von
Puppen, Spielzeug und kleinen Geschenken. –
2. Aufl. – Stuttgart: Verlag Freies Geistesleben, 1996
ISBN 3-7725-1466-9

© 1994 Christofoor, Zeist. Titel der niederlän-
dischen Originalausgabe: *Spelen met vilt.*

2. Auflage 1996

Für die deutsche Ausgabe:
© 1995 Verlag Freies Geistesleben GmbH, Stuttgart
Übersetzung: Beate Brucker
Umschlag: Walter Schneider
Fotos: Dick Medick, Wim Steenkamp
Gedruckt in Belgien

Inhalt

Einleitung

Mit Filz kann man wunderbar arbeiten:
– auch Kinder können gut damit umgehen
– er ist stabil
– er läßt sich leicht zuschneiden
– er franst nicht aus.

Es gibt verschiedene Sorten Filz zu kaufen: aus Kunststoff, halbsynthetisch oder aus reiner Wolle. Im allgemeinen ist der synthetische nicht geeignet, da er sehr dünn ist und die Fasern zu locker gewebt sind; er reißt beim Nähen leicht ein. Filz aus reiner Schurwolle, den es in mehr als 60 Farben im Handel gibt, ist ein schönes, dickes Material. Er ist ziemlich teuer, aber man braucht meist nur kleine Stücke, da die meisten Dinge, die in diesem Buch gezeigt werden, klein sind.

Wenn man Spielzeug für kleine Kinder herstellt, sollte man darauf achten, daß man den Kindern mit den Dingen ein wahres Bild gibt. Deshalb sollte man zum Beispiel an ein Mobile nicht Autos oder Elefanten hängen – sie gehören dort nicht hin –, sondern Vögel, Schmetterlinge oder Elfen.

Bei der Herstellung der Püppchen ist es gut, besonders auf die Farben zu achten. Dadurch bekommt jede Puppe einen eigenen Charakter, und es gibt keinen festgelegten Gebrauch der Farben. Die Dinge aus diesem Buch sind, wie gesagt, oft klein. Das gilt besonders auch für bestimmte Schnitteile. Es ist deshalb besser, beim Herstellen keine Stecknadeln zu benützen, weil der Stoff sich dadurch wölbt, wodurch die Form sich ändern kann. Falls nötig, sollte man den Stoff lieber aufeinander heften, bevor man das zweite Teil ausschneidet. Die Schnitte sind alle in Original-größe gezeichnet. Es empfiehlt sich, lieber etwas größer zuzuschneiden; man kann später leicht etwas abschneiden.

Zierstiche

In Abbildung 1 werden einige Sticharten gezeigt, die man beim Arbeiten mit dem Filz anwenden kann. Mit den einfacheren Stichen werden meist zwei Teile aneinandergenäht.

Der Heftstich wird, außer zum Heften, viel gebraucht zum Kräuseln, und um die Wandbilder zu verzieren.

Im allgemeinen wird man zwei Teile mit dem Überwindlingstich aneinandernähen. Manchmal kann man auch den Festonstich dafür verwenden; es entsteht dabei allerdings ein kleiner, überstehender Rand. Bei dem Scherenetui auf Seite 83 z. B. wird dieser Stich zur Verzierung der Kante genommen.

Der Kreuzstich ist der klassische Stich zum Stikken. Besonders der halbe Kreuzstich wird in diesem Buch verwendet, nämlich zum Zusammennähen der Bälle, siehe Seite 73.

Die anderen Sticharten in Abb. 1 werden zur Verzierung angebracht, z. B. bei den Wandbildern auf Seite 63 ff.

Die Herstellung von Haaren

Am einfachsten wird ein Haarschopf aus einer dünn ausgezogenen Schicht ungesponnener Schafwolle oder Kammgarn gemacht. Die Wolle wird auf dem Köpfchen drapiert, bei hölzernen Püppchen angeklebt, bei Püppchen mit Stoffköpfen festgenäht. Aus drei sehr dünnen Wollsträngen läßt sich auch ein Zopf flechten.

6

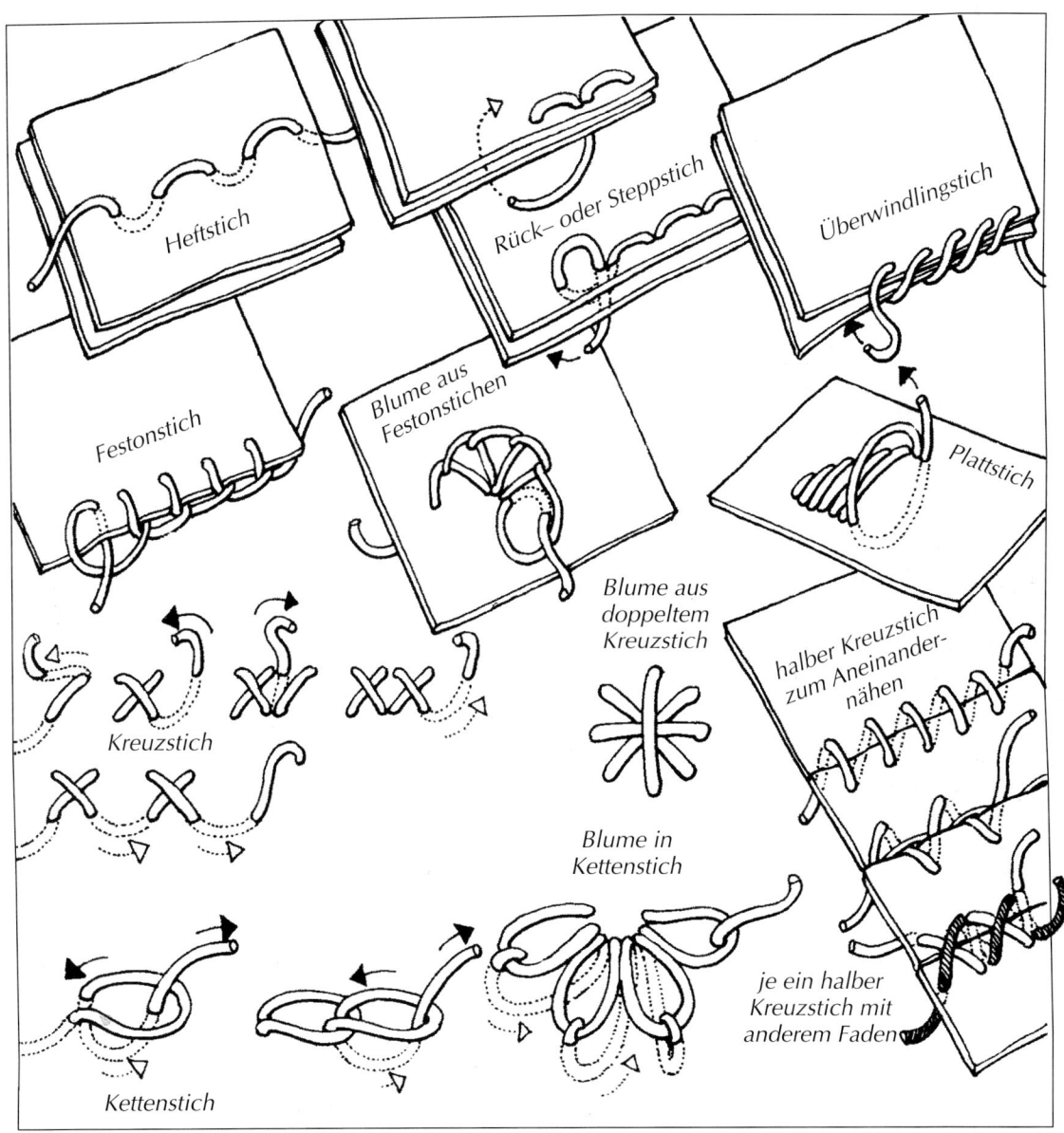

Heftstich

Rück– oder Steppstich

Überwindlingstich

Festonstich

Blume aus Festonstichen

Plattstich

Kreuzstich

Blume aus doppeltem Kreuzstich

halber Kreuzstich zum Aneinandernähen

Blume in Kettenstich

Kettenstich

je ein halber Kreuzstich mit anderem Faden

Abb. 1

Mit dünner Strickwolle kann man die unterschiedlichsten Dinge herstellen. Die kleine Frau von Abb. 38 hat wollenes Haar mit einem Scheitel. Dafür wird die dünne Wolle 20 bis 30 mal um zwei oder drei Finger gewickelt. Streife die Wolle von den Fingern und nähe mit Heftstichen etliche Male hin und her, bis die einzelnen Fäden befestigt sind. Klebe die Haare auf den Holzkopf und schneide die Schlingen durch. Bei einem Kopf aus Trikot wird das Haar natürlich festgenäht. Für den Wuschelkopf auf Abb. 44 werden die Fäden auch aneinandergeheftet, aber danach zieht man den Reihfaden kräftig zusammen, so daß die Fäden in alle Richtungen abstehen. Für einen Lockenkopf werden lose Schlingen gemacht. Jede Schlinge muß durch einen kleinen Stich befestigt werden, bevor die nächste Schlinge gemacht wird. Ein einfacher, glatter Haarschmuck entsteht, wenn man den ganzen Kopf mit langen Stichen vom Haaransatz zum Wirbel hin bedeckt.

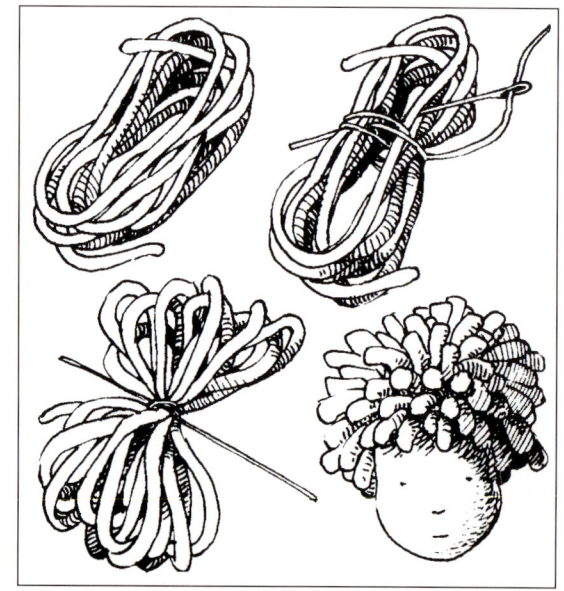

Abb. 2

Abb. 3

8

Stehende Holzpüppchen

Hölzerne Püppchen bekommt man in vielen verschiedenen Größen und Formen, mit einem zylindrischen oder einem kegelförmigen Leib. Die größeren Holzpüppchen haben oft ein Loch in der Unterseite, wodurch man sie als Fingerpuppe verwenden kann. Achte beim Kaufen darauf, daß das Köpfchen ordentlich sitzt. Man kann aus einem Korken und einer großen Holzperle auch selber Püppchen herstellen. Schneide dazu den Korken an einer Seite so an, daß eine schräge, abgerundete Kante entsteht (siehe Abb. 3). Bohre mit einem Schaschlikspieß ein Loch in dieses Ende und klebe den Spieß mit Holzleim darinnen fest. Leime eine große Holzperle auf den Spieß und schneide den überstehenden Rest ab. Achte darauf, daß das Püppchen auch einen Hals erhält, der mit dickem Garn umwickelt wird. Der Hals ist ungefähr 5 mm lang (siehe Abb. 3).

Zwerge

Material:
Hölzerne Püppchen, 6 und 7 cm hoch
kleine Filzstücke
ungesponnene Schafwolle oder Kammgarn

Arbeitsvorgang:
Klebe ein Stückchen Filz auf den hölzernen Leib, nähe die Naht am Rücken zu und schneide überstehenden Filz ab. Der Schnitt für das Jäckchen (Abb. 5) paßt für beide Zwerge.

Abb. 4

9

Lege das Jäckchen um den Leib und nähe es am Hals mit einigen Stichen fest.

Bevor die Mütze aus Abb. 5 abgepaust und ausgeschnitten wird, sollte man den Umfang des Köpfchens messen, da er durchaus abweichen kann. Der Schnitt muß dann entsprechend geändert werden. Schneide die Mütze aus einer doppelten Lage Stoff aus, schließe die hintere Naht und befestige das Ganze mit Holzleim auf dem Köpfchen. Klebe eine dünne Schicht ungesponnener Schafwolle oder Kammgarn als Haare und Bart an, nachdem es gut aufgeplustert wurde. Wenn man möchte, kann man mit einem Farbstift ein Gesicht aufmalen.

Eine königliche Familie

Material:
Hölzerne Püppchen, 5, 6 und 7 cm hoch
kleine Filzstücke
ungesponnene Schafwolle, Kammgarn oder Strickwolle

Arbeitsvorgang:
Bekleide die Leiber, wie es bei den Zwergen beschrieben ist. Wie auf Abb. 7 zu sehen ist, wird das Untergewand des Königs mit Zierstichen eingefaßt, während das der Königin mit Perlen bestickt wird. Schneide daher die Gewänder erst passend aus, verziere sie entsprechend und klebe sie dann auf. Rückwärtige Naht schließen.

Abb. 5   Schnitt Holzzwerge

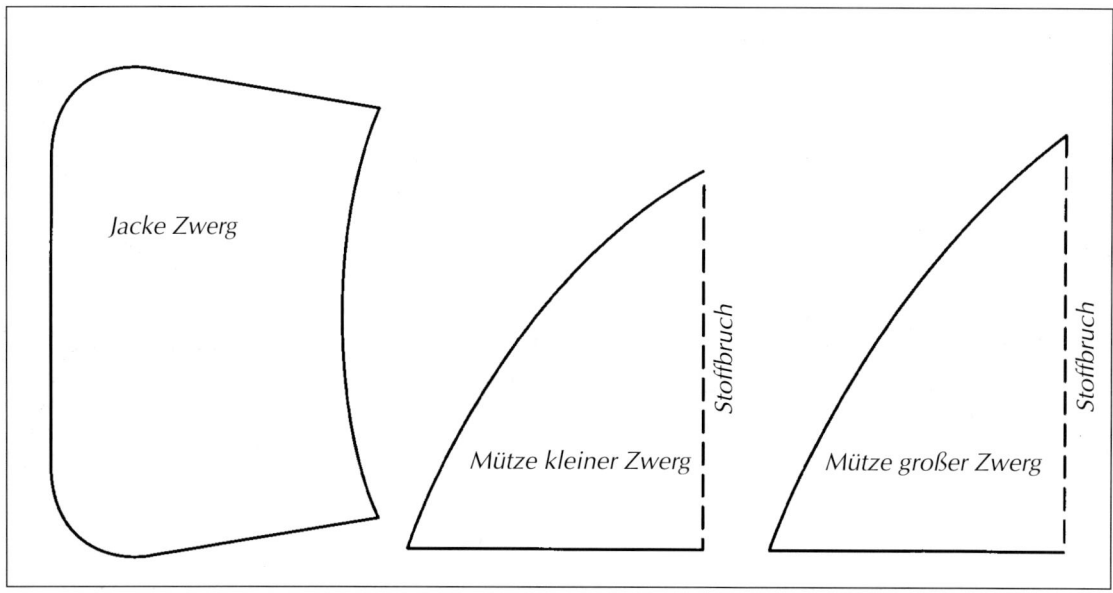

Jacke Zwerg

Mütze kleiner Zwerg — Stoffbruch

Mütze großer Zwerg — Stoffbruch

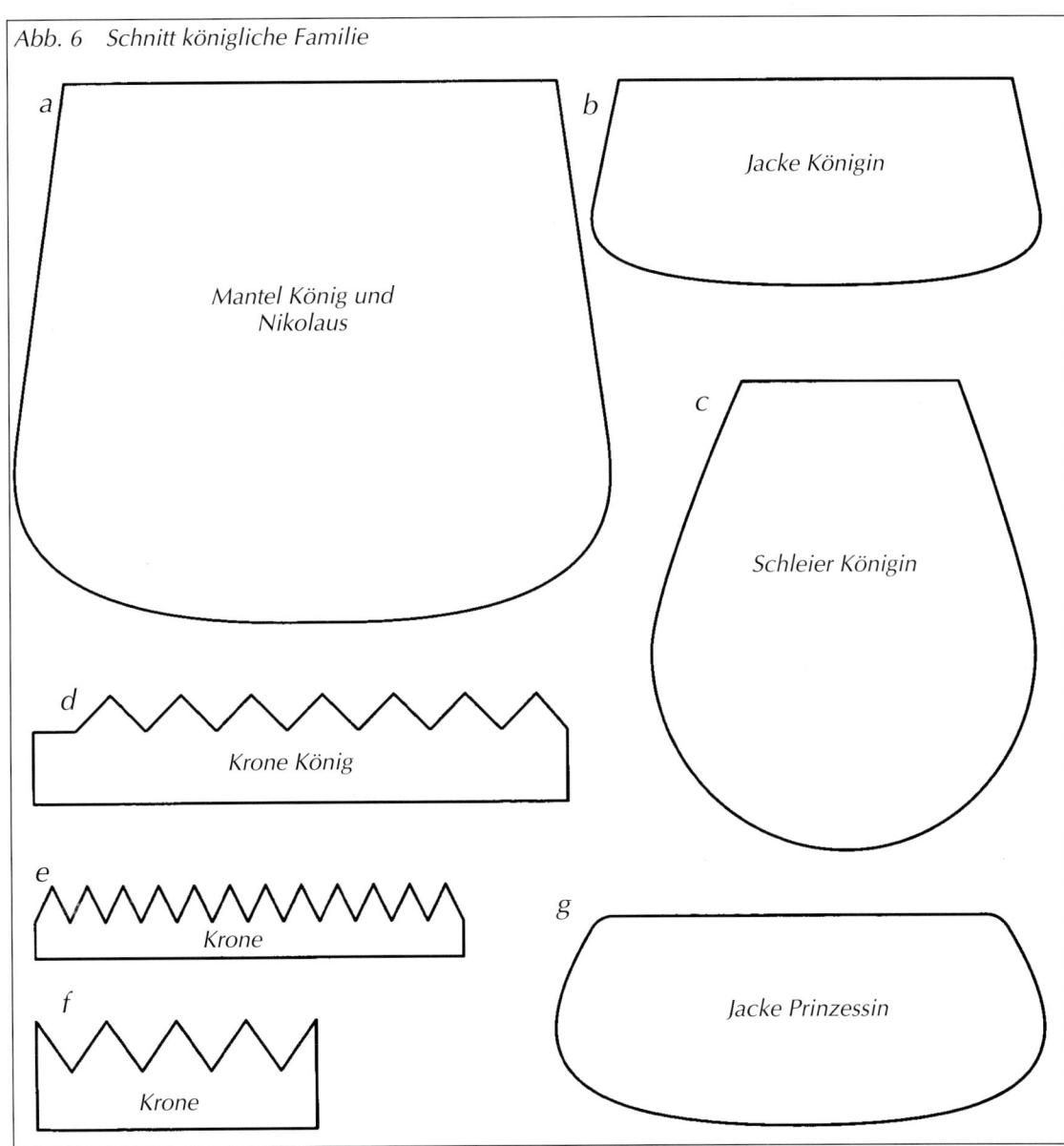

Abb. 6   Schnitt königliche Familie

a

Mantel König und Nikolaus

b

Jacke Königin

c

Schleier Königin

d

Krone König

e

Krone

f

Krone

g

Jacke Prinzessin

11

Abb. 7

Sankt Nikolaus und seine Helfer

Material:
Hölzerne Püppchen, 5 und 7 cm hoch
Filzstückchen
ein Rest Spitze
ungesponnene Schafwolle oder Kammgarn
stabiler Karton

Arbeitsvorgang:
Der heilige Nikolaus wird auf die gleiche Weise wie der König hergestellt (Siehe Schnitt auf Abb. 9). Sein Untergewand wird ungefähr 1 cm kürzer geschnitten und erhält einen Saum aus Spitze. Hinterlege die Spitze mit rotem Filz. Beim Annähen der goldenen Borte am Mantel ist zu bedenken, daß der Mantel nachher offen steht und die Innenseite sichtbar ist (siehe Abb. 8), die Stiche dürfen also nicht ganz durch den Filz hindurchgehen.

Abb. 8

Mantel und Jäckchen:

Abb. 6 zeigt die Schnitte für den Königsmantel und die Jäckchen für den Rest der königlichen Familie. Sie werden alle unterschiedlich gemacht und verziert. Die Jacke der Prinzessin ist 3,2 mal 8 cm groß und wird mit der Zackenschere ausgeschnitten. Schneide die Teile aus, verziere sie, fasse den Hals mit einigen Stichen zusammen und befestige die Umhänge am Hals der Püppchen.

Fertigstellung:

Versehe die Püppchen mit Haaren aus ungesponnener Schafwolle oder Kammgarn, den König mit einem Bart. Die Prinzessin bekommt Zöpfe aus gelbem Kammgarn (oder dicker Strickwolle). Der Schleier der Königin wird oben zusammengezogen und auf dem Hinterkopf festgeklebt. Schneide zuletzt die Kronen aus und nähe sie mit ein paar Stichen auf dem Haar fest.

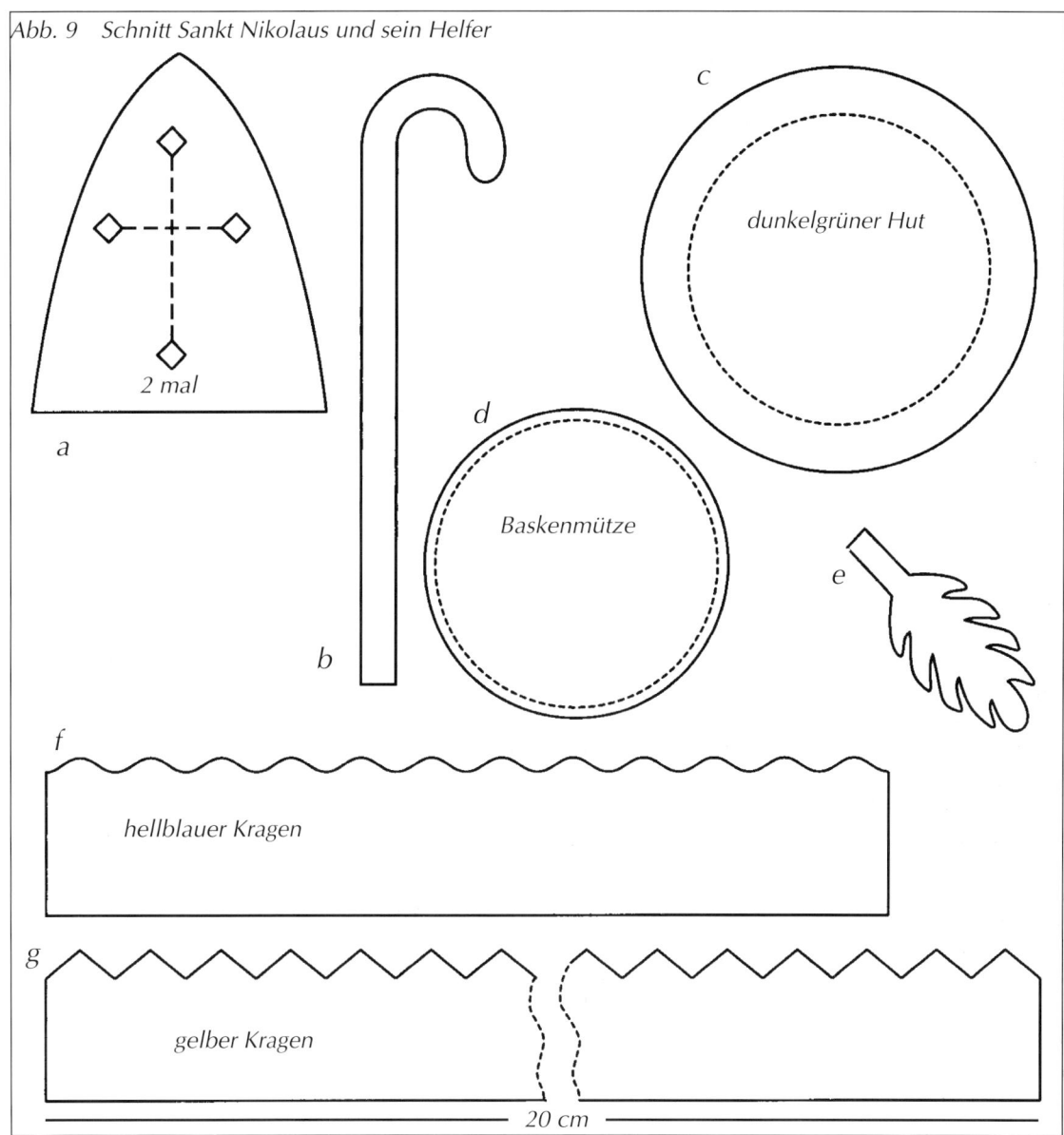

Abb. 9 Schnitt Sankt Nikolaus und sein Helfer

2 mal

a

b

c

dunkelgrüner Hut

d

Baskenmütze

e

f

hellblauer Kragen

g

gelber Kragen

20 cm

13

Sankt Nikolaus bekommt eine verzierte Mitra (siehe Schnitt auf Abb. 9) und einen Stab aus mit Filz beklebtem Karton.

Die schwarzen Helfer:

Färbe die Köpfchen der Figuren mit Plakatfarbe oder Tusche schwarz. Die Kleider sind nicht auf den Leibern festgeklebt, sondern hinten zusammengenäht, oben zusammengezogen und am Hals befestigt. Die große Figur braucht einen Filzlappen von 4 mal 9 cm, die kleine von ca. 3,5 mal 7 cm. Schneide den Kragen aus, kräusele ihn ebenfalls, und befestige ihn am Hals.

Die beiden Helfer haben verschiedene Kopfbedeckungen. Die vom Größeren wird entlang der Linie gekräuselt (Schnitt in Abb.9) um den Kopf zusammengezogen und befestigt. Die kleine Figur trägt eine Baskenmütze. Schneide dafür den kleineren Kreis aus, reihe ihn knapp an der Kante ein und ziehe ihn um den Kopf zusammen.

Engel

Material:

Hölzerne Püppchen, Höhe 7 cm
Filzstückchen
Kammgarn
kleine Perlen
Goldfolie

Arbeitsvorgang:

Bekleide die Körper mit weißem Filz, der vorher am unteren Rand mit kleinen Perlen oder Filzstreifen verziert wurde (siehe Abb. 11). Schneide die Flügel vom Schnitt aus Abb 10 aus und schmücke sie mit Perlchen oder Filz, in den man schöne Formen schneiden kann. Das Haar ist aus Kammgarn, lose hängend oder zum Zopf geflochten. Zuletzt bekommen die Engel Haarreifen aus Goldfolie.

Abb. 11

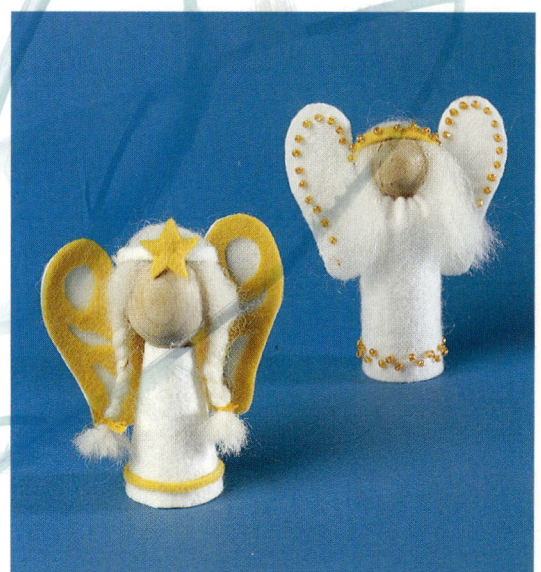

Abb.10

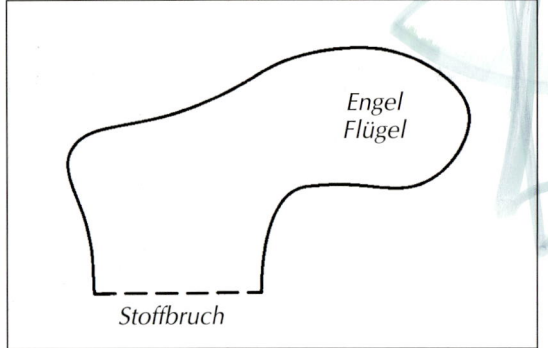

Engel
Flügel

Stoffbruch

Mutter mit Säugling

Material:
Hölzerne Püppchen, 6 und 3 cm hoch
Filzstückchen
Pfeifenputzer
unlackierte Holzperlen (Durchmesser ca. 7 mm)
Walnußschale

Arbeitsvorgang:
Beklebe den Leib der Mutter mit Filz, schließe die
Naht im Rücken und schneide überschüssigen
Filz ab. Stecke die beiden Holzperlen auf die En-
den eines 6 bis 7 cm langen Stückes Pfeifenputzer.
Schneide das Jäckchen nach dem Schnitt von
Abb. 13 aus und lege es um den Hals der Puppe;
der Einschnitt liegt dabei auf dem Rücken.

Abb. 12

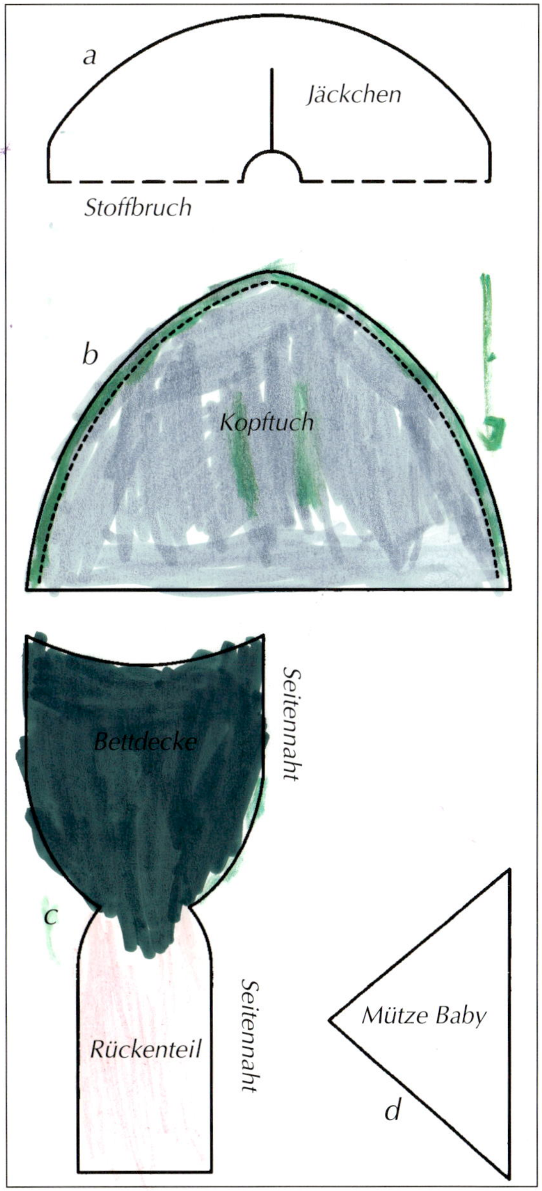

a Jäckchen

Stoffbruch

b Kopftuch

Seitennaht

Bettdecke

c

Seitennaht

Rückenteil

Mütze Baby

d

Abb.13 Schnitt Mutter mit Säugling

15

Lege die Arme aus Pfeifenputzer unter dem Jäckchen um den Rücken der Puppe. Nähe sie zusammen mit der Rücknaht fest. Das Kopftuch aus Abb. 13 wird nach dem Ausschneiden an der vorderen Kante mit dünner Wolle oder Stickgarn eingesäumt. Kräusele es entlang der gestrichelten Linie und klebe es auf dem Kopf fest.

Der Säugling:

Beklebe auch die kleine Figur mit Filz und lege ein Streifchen Filz als Kragen um den Hals. Schneide die kleine Mütze aus Abb. 13 aus und befestige es auf dem Köpfchen, evtl. mit einigen Stichen, damit es besser hält. Vielleicht bekommt das Baby auch ein paar Wollfäden als Haar.

Die Wiege:

Schneide die Bettdecke aus Abb. 13 aus und lege das Baby auf die breitere Seite. Klappe die schmale Seite über den Leib, schlage die breite Hälfte darüber und nähe die Seitennähte zu. Hole das Kindchen wieder aus seiner Decke heraus und klebe diese in eine Walnußhälfte, so daß das Kind hineingelegt werden kann.

Haselnußkinder

Material:

Haselnüsse
unlackierte Holzperlen (Durchmesser ca. 12 –15 mm)
kleine Filzstücke
ungesponnene Schafwolle oder dünne Strickwolle

Arbeitsvorgang:

Säubere die Haselnüsse gründlich und feile die Unterseite so flach, daß die Kinder nicht umfallen. Klebe die Perlen mit dem Loch nach unten mit Alleskleber auf den Nüssen fest. Für die Haare wird nur sehr wenig Schaf- oder Strickwolle auf den Köpfchen angeklebt. Schneide kleine Filzstücke von 2,5 mal 6 cm aus, je nach Umfang der Holzperlen. Klebe sie als Mützchen oder Kopftuch auf und binde sie um den Hals fest. Schneide, wenn nötig, unten noch etwas ab und befestige den Filz gut mit Kleber auf den Nüssen. Zeichne nach Wunsch mit Farbstift Gesichter auf.

Abb. 14

Filzpüppchen

Grundmodell:

Material:
Weißer, rosa oder brauner Trikot
ungesponnene Schafwolle
Filz
Draht
dünner Karton

Arbeitsvorgang:
Schneide für den Kopf ein Trikotstück von 8 mal
8 cm aus. Forme aus der Wolle eine Kugel von

Abb. 15

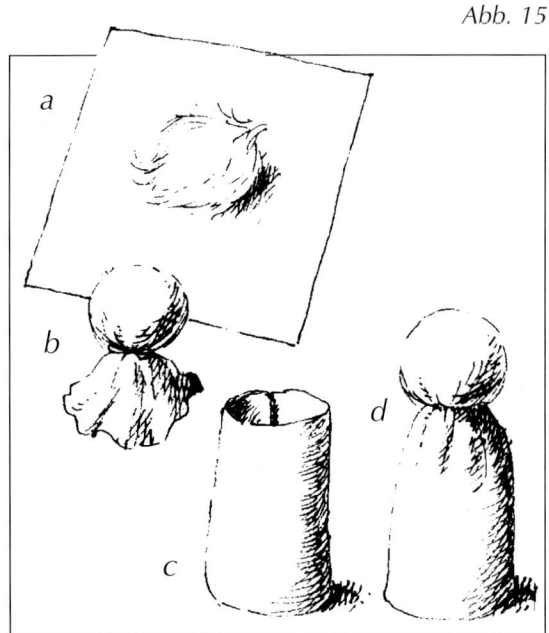

etwa 2 cm Durchmesser und lege sie in die Mitte
auf das Trikot. Ziehe das Läppchen um die Wolle
herum fest zusammen und binde es am Hals ab
(siehe Abb. 15b). Achte darauf, daß das Köpfchen auf einer Seite so wenig Falten wie möglich
hat, so daß hier das Gesicht sein kann. Schneide
den Stoff unten gerade ab.
Wenn das Püppchen ganz fertig ist, kann man
ein Gesicht aufsticken. Am besten probiert man
erst mit farbigen Stecknadeln, damit Augen und
Mund an der richtigen Stelle sitzen, bevor man
sie mit Knopflochseide oder Stickgarn aufstickt.

Die Körper
Für die Körper z.B. der Blumenkinder oder der
Fingerpüppchen braucht man kleine Zylinder
aus Filz. Je nach Puppe kann man Höhe und
Dicke des Zylinders variieren. Nimm ein vier-
eckiges Filzstück von entsprechender Größe und
nähe zwei Seiten aneinander (Abb. 15c). Fasse
eine Seite der Röhre zusammen, stecke den Hals
des Trikotköpfchens hindurch, ziehe den Faden
fest und nähe beides aneinander (Abb. 15d). Das
Püppchen kann so bereits stehen, man kann
jedoch den Leib noch mit Schafwolle füllen und
ihn an der Unterseite mit einem runden Stück
Filz in der gleichen Farbe schließen. Noch
besser steht das Püppchen, wenn man die
Innenseite des runden Filzstückchens mit einem
ca. 2 mm kleineren Stück Karton verstärkt, bevor
man den Leib unten damit schließt.
Damit ist die Grundform der Filzpüppchen fertig.

Abb. 16

Zwerge

Material:
Filz
ungesponnene Schafwolle oder Kammgarn

Arbeitsvorgang:
Schneide das Mäntelchen nach dem Schnitt in Abb. 17 aus. Schließe die Naht an der Zipfelmütze und ziehe durch die bezeichnete Stelle einen Reihfaden. Stecke ein Stück gut aufgelockerter Schafwolle in den Mantel, ziehe den Reihfaden an und mache einen festen Knoten, vernähe den Faden oder nähe den Mantel ein beliebiges Stück zu. Man kann entweder etwas Wolle als Bart und rund um das Gesicht herum als Haar herausziehen oder extra etwas annähen. Schneide die Wolle an der Unterseite gerade ab, so daß eine Standfläche entsteht. Natürlich kann man verschieden große Zwerge machen. Die Größenverhältnisse ändern sich dadurch aber nicht. Achte vor allem darauf, daß der Kopf nicht zu klein wird.

Abb. 17

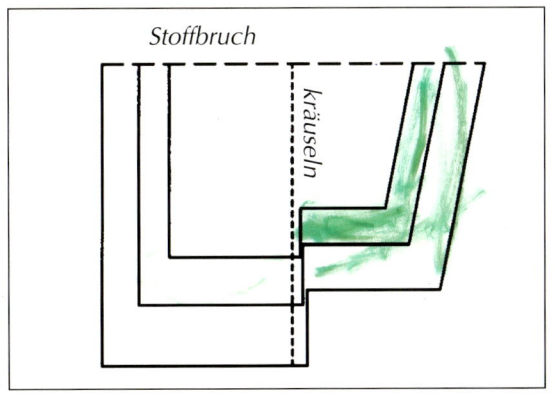

Puppen aus gewickelter Wolle

Material:
Dicke Strickwolle in verschiedenen Farben
Stickgarn
stabiler Karton

Arbeitsvorgang:
Die Püppchen in Abb. 20 sind zwischen 6 und 8 cm lang. Für die Arme wird die Wolle um ein Stück Karton von beispielsweise 6 cm Länge gewickelt (die Breite spielt keine Rolle, sie sollte nur so sein, daß beim Wickeln nichts abrutscht). Je nach Dicke der Wolle wickelt man ungefähr 20 mal für die Arme. (Abb. 18a). Binde die beiden äußeren Enden mit Garn in der selben Farbe zusammen (Abb. 18b). Streife die Wolle vom Karton herunter und binde ca. 1 cm vom Ende entfernt die Händchen ab (Abb.18 c).

Abb. 18

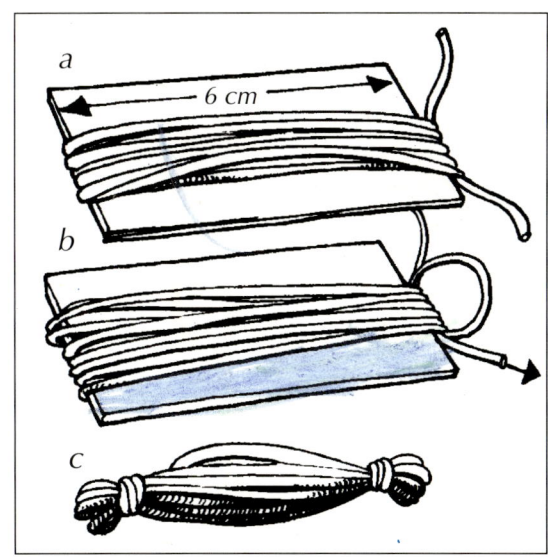

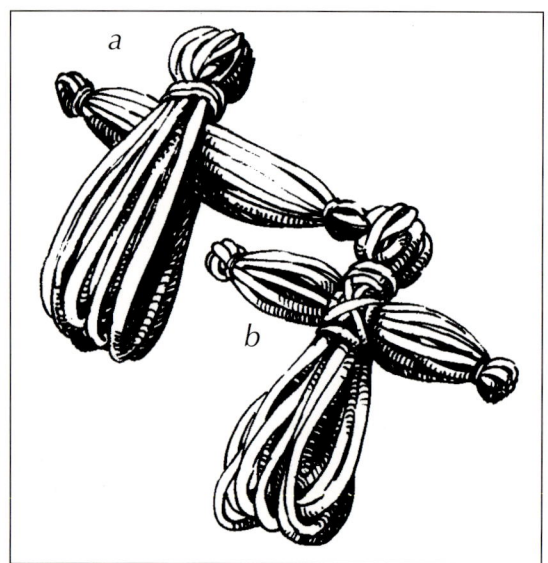

Abb. 19

Kopf, Oberkörper und untere Gliedmaßen werden aus einem Stück gemacht. Wickele dafür die Wolle ungefähr 40 mal um einen Karton von z.B. 7 cm Länge. Binde die Fäden am Kopfende zusammen und streife das Knäuel vom Karton. Ca. 2 cm von oben wird der Hals abgebunden, so daß ein Köpfchen entsteht (Abb. 19a). Stecke die fertigen Arme durch die Schlinge unterhalb des Kopfes und binde die Taille ab (19b). Schiebe die Taille gut nach oben, damit die Arme fest sitzen. Man kann sie noch besser befestigen, indem man das Garn mehrere Male kreuzweise um den Oberkörper schlingt.

Soll das Püppchen einen Rock anhaben, werden die Schlingen am unteren Ende einfach aufgeschnitten. Will man Beine haben, wird das Ende in zwei gleiche Teile geteilt, die beide wie die Arme am Ende zusammengebunden werden.

Die Püppchen können nun verschiedene Kleidungsstücke erhalten, z.B. eine Zipfelmütze aus Filz, einen Gürtel, ein Halstuch oder eine kleine Schürze.

Natürlich kann man die Händchen nach dem Abbinden auch aufschneiden. Es entsteht dann eine Art Quaste, wie bei dem linken braunen Püppchen in Abb. 20.

Abb. 20

Blumenkinder

Material:
Filz
weißer oder rosa Trikot
ungesponnene Schafwolle
gekämmte Schafwolle oder Märchenwolle
Pfeifenputzer
Draht

Allgemeiner Arbeitsvorgang:
Kopf und Leib werden, wie am Anfang des Kapitels «Filzpüppchen» beschrieben, angefertigt. Da die Blumenkinder wegen der Blumen, die sie tragen, umfallen, empfiehlt es sich, unten in den ausgestopften Leib eine Murmel oder einen kleinen Stein zu legen, bevor man das mit Karton verstärkte runde Filzstück unten annäht.

Im weiteren werden die einzelnen Blumenkinder in ihrer Besonderheit beschrieben.

Der Krokus:
Nimm für den Leib ein Filzstück von 6 mal 6 cm. Schneide für den Kragen aus einem ca. 3,5 mal 10 cm großen Stück die Form wie in Abb. 22a aus. Er wird an der Oberkante gekräuselt und um den Hals des Blumenkindes festgenäht. Der Hut wird nach dem Ausschneiden ebenfalls an der bezeichneten Linie gekräuselt (Abb. 22b) und so weit zusammengezogen, daß er gut auf den Kopf paßt. Bevor der Blumenhut festgenäht wird, kann man dem Blumenkind noch eine dünne Schicht Haar aus Märchenwolle aufsetzen. Nähe zum Schluß die oberen Kanten der jeweils einander gegenüberliegenden Blütenblätter aneinander.

Abb. 21

Abb. 22   Schnitt Krokus

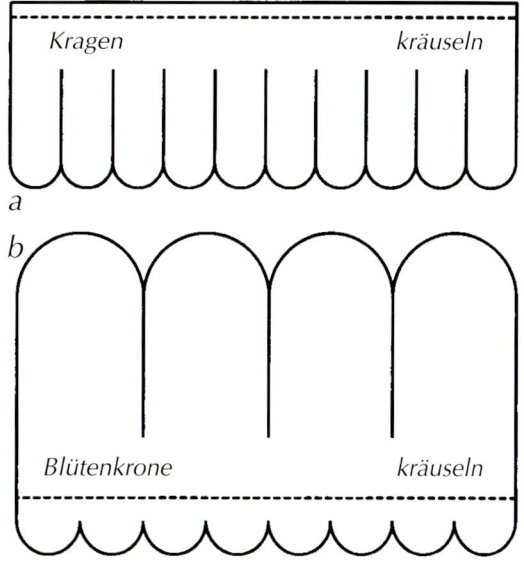

Das Schneeglöckchen:

Der Filz für das Schneeglöckchen ist 6 cm hoch und 7 cm breit. Schneide den Kragen wie in Abb. 23a aus, kräusele ihn und befestige ihn am Hals. Der Hut besteht aus drei einzelnen weißen Blütenblättern (siehe Abb. 23b), die mit ihren oberen Enden an einem kleinen Stiel aus hellgrünem Filz (Abb. 23c) festgenäht werden. Das Schneeglöckchen bekommt etwas Haar aus weißer Wolle unter seiner Blütenkappe. Befestige die Blüte mit mehreren Stichen mitsamt den Haaren am Kopf. Das Blumenkind hält zusätzlich eine Blüte in der Hand.

Diese wird aus drei losen Blütenblättern (Abb. 24d) gebildet, die oben auf dem Stengel festgenäht werden. Für den Stengel wird ein grünes Stück Filz von ca. 1,5 mal 12,5 cm um ein Stück Pfeifenputzer gerollt und befestigt.

Abb.23   Schnitt Schneeglöckchen

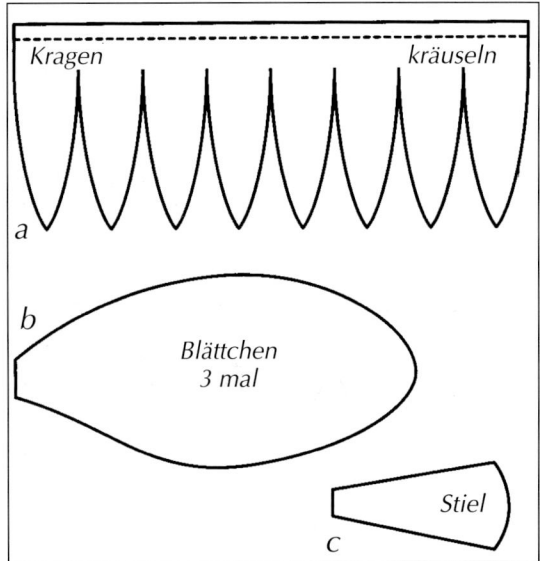

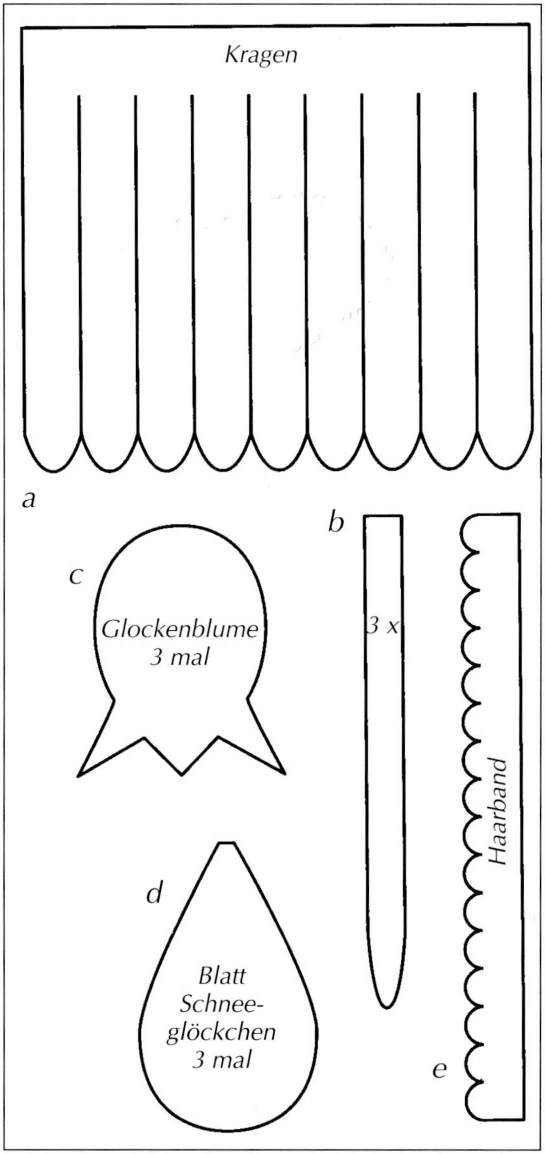

Abb.24 Schnitt Schneeglöckchen und Glockenblume

22

Die Glockenblume:

Der Leib der Glockenblume ist 7 cm hoch und 6 cm breit. Schneide den Kragen aus Abb. 24a aus grünem Filz aus, kräusele ihn und nähe ihn um den Hals der Blume. Auf dem Kopf trägt die Glockenblume eine Art Blütenhaarband aus blauem Filz (Abb. 24e). Der Stengel für die lose Glockenblume wird wie beim Schneeglöckchen gemacht. Zusätzlich werden jedoch noch drei einzelne Blätter (24b) an den Stengel genäht. Die Blüte wird ebenfalls aus drei Blütenblättern gebildet (24 c) und am Stengel befestigt.

Die Tulpe:

Für den Tulpenleib wird ein Filzstück von 5,5 cm Höhe und 10 cm Breite genommen. Schneide den Kragen aus Abb. 25a aus und nähe ihn gekräuselt am Hals fest. Der Hut der Tulpe besteht aus sechs einzelnen Blütenblättern aus rosa Filz (Abb. 25b). Nähe die ersten zwei Blätter an den Seiten des Köpfchens an. Kräusele die übrigen Blütenblätter erst etwas an, bevor sie dachziegelartig um den Kopf herum genäht werden. Die Tulpe bekommt rosa Haar.

Die Narzisse:

Der Leib der Narzisse ist 4,5 bis 5,5 cm hoch und 10 cm breit. Schneide den Kragen aus Abb. 26a aus, kräusele ihn und nähe ihn fest. Für den Hut wird zuerst der angekräuselte Blütenkranz (Abb. 26b) auf dem Kopf befestigt.

Abb.25 Schnitt Tulpe

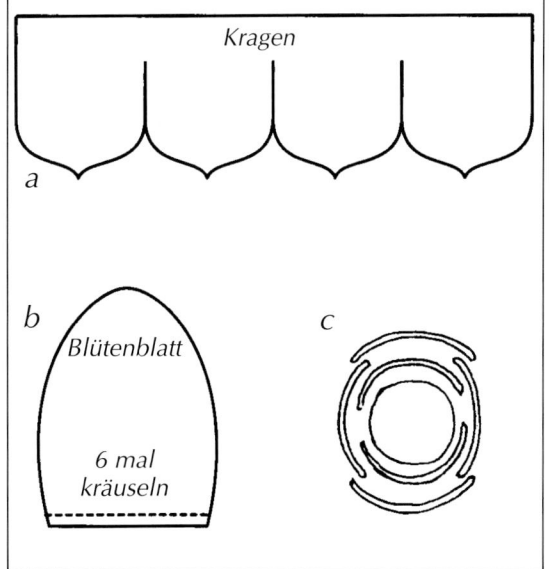

Abb. 26 Schnitt Narzisse

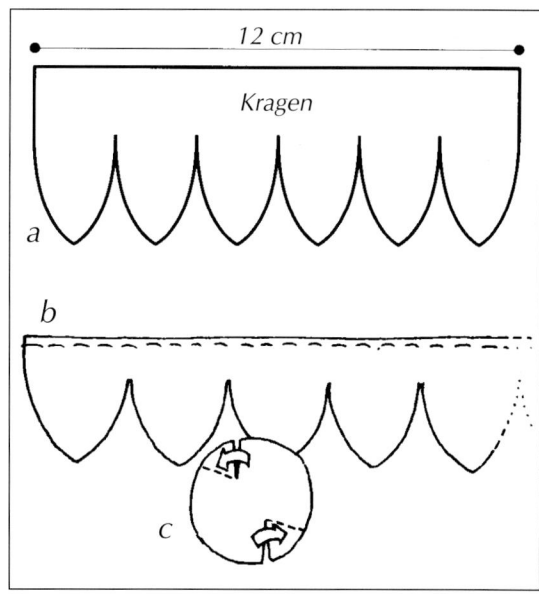

Abb. 27

Schneide dann aus dunkelgelbem Filz einen kleinen Kreis aus, der wie in Abb. 26c eingeschnitten und etwas übereinander gezogen am Scheitel hinten festgenäht wird, so daß er einen etwas erhabenen Blütenboden bildet.

Blütenelfen

Material:
Filz
rosa Trikot
ungesponnene Schafwolle
Kammgarn in verschiedenen Farben
unlackierte Holzperlen, Durchmesser 5 mm
Pfeifenputzer
dünner Karton
Alleskleber

Arbeitsvorgang:
Die Köpfe wie anfangs beschrieben herstellen. Wähle für die Kleidchen zarte Farben, die zu den Blüten passen: weiß, rosa, hellgelb und hellgrün. Schneide nach dem Schnitt in Abb. 29 die Kleidchen aus doppelt gelegtem Filz aus. Lege danach den Stoff offen hin und schneide die Halsöffnung hinein (Abb. 28a). Stecke das fertige Köpfchen hinein, schließe die Nähte der Halsöffnung und befestige das Kleid gut am Kopf (Abb. 28b). Stecke ein Stück Pfeifenputzer (ca. 8 cm) durch die offenen Arme. Nähe die Ärmel zu, so daß die Pfeifenputzer festsitzen. Sie sollen auf beiden Seiten ein Stück aus dem Ärmel herausschauen. Klebe an beide Enden je eine kleine Holzperle. Wenn der Leim getrocknet ist, können überstehende Enden abgeschnitten werden.

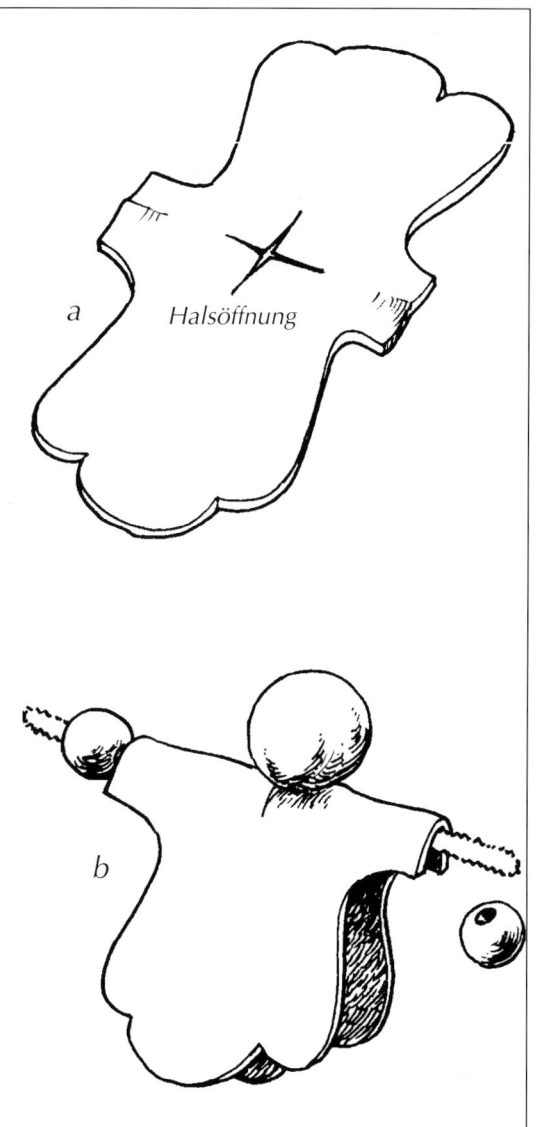

Abb. 28

Plustere ein kleines Stückchen Kammgarn oder Märchenwolle auf und nähe es, zusammen mit einem dünnen Haarband aus Filz, auf dem Kopf fest. Befestige zuletzt am höchsten Punkt des Kopfes einen Faden, an dem die Elfe aufgehängt werden kann. Mache den Faden nicht zu kurz; er kann leicht später abgeschnitten werden. Hänge die Elfchen in Blütenzweigen auf (Abb. 27).

Abb. 29

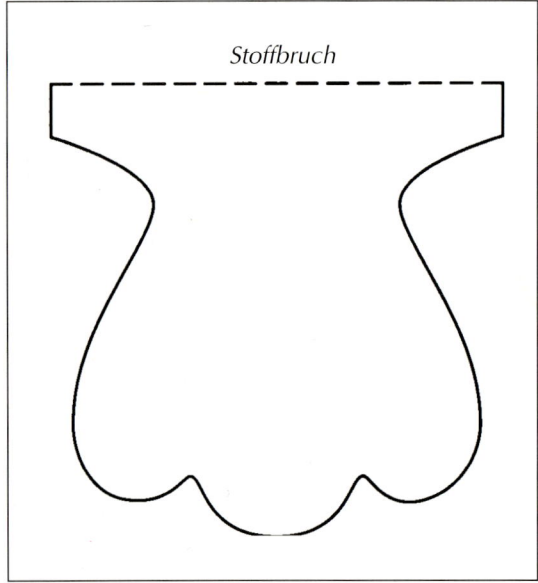

Stoffbruch

Fingerpuppen

Material:
Filz
ungesponnene Schafwolle
Trikot in verschiedenen Farben
Stopfwolle in verschiedenen Rot- und Blautönen
Perlen, Durchmesser 32 mm
kleine Perlen

Arbeitsvorgang:
Das Besondere an den Fingerpuppen ist, daß sie nicht alleine stehen können, sondern daß man sie auf die Finger setzen und mit ihnen kleine Geschichten beweglich begleiten kann. Kinder spielen auch sehr gerne mit solchen Püppchen. Sie sind insgesamt ca. 8 cm lang, der Kopf hat einen Durchmesser von ungefähr 2 cm.
Die Köpfe werden auf die gleiche Weise wie in den vorhergehenden Kapiteln hergestellt. Der Leib entsteht aus Filzstücken, die 6 cm hoch und 7,5 cm breit zugeschnitten werden. Nähe die Stücke durch Schließen der Rückennaht zu zylindrischen Leibern, wie bei Abb. 15 auf Seite 17 beschrieben. Kräusele den Halsausschnitt und nähe den Kopf darin an.

Die Bekleidung der Fingerpuppen:
Abb. 30 zeigt einige der vielen verschiedenen Möglichkeiten, wie man die Püppchen anziehen kann. Natürlich sind der Phantasie hier keine Grenzen gesetzt.

Negerpuppe mit Zöpfen:
Dieses Püppchen trägt einen kleinen Umhang, an den die Hände angenäht werden. Schneide dafür ein 5,5 mal 9 cm großes Stück Filz aus, schlage den oberen Rand 1 cm als Kragen um

Abb. 30

27

und schneide die Ecken rund. Befestige den Umhang hinten im Nacken und vorne etwas tiefer. Die kleinen Händchen (Schnitt in Abb. 31b) werden in entsprechender Höhe angenäht.

Das Kopftuch (Abb. 31a) wird rund um das Gesicht, der Zipfel hinten im Nacken festgenäht. Flechte einen Zopf aus schwarzer Stopfwolle, binde beide Enden mit buntem Garn ab und nähe den Zopf an die Stirne an. Sticke einige Fäden als Pony an. Zuletzt bekommt das Püppchen eine Perlenkette um den Hals.

Mann mit Zylinder:

Diese Puppe trägt eine Jacke, die eigentlich nur aus zwei Ärmeln besteht. (Doppelter Stoff, siehe Abb. 31c). Die Hände werden direkt daran genäht. Die Ärmel werden an ihrer Oberkante vom Nacken aus schräg nach unten um den Leib festgenäht. Schneide die Krawatte aus (Abb. 31e) und befestige sie mit einigen Stichen. Sticke die Haare mit heller Stopfwolle vom Haaransatz zum Wirbel auf. Für den Hut werden die zwei Teile aus Abb. 31 und ein Filzstück von ca. 2,5 mal 6,5 cm ausgeschnitten, aneinandergenäht und auf dem Kopf befestigt.

Frau mit Dutt:

Schneide die Teile vom Schnitt in Abb. 32 a–d aus. Die Schürze wird auf den Leib, der Kragen um den Hals genäht. Für die Arme wird ein Filzstück von 2 mal 9 cm der Länge nach gefaltet und um ein Stück Pfeifenputzer genäht. Nähe die Hände vorne an und befestige die Arme gut am Rücken. Das Haar wird aufgestickt. Wickele Wolle der gleichen Farbe etwa 30 bis 40 mal um einen Finger, streife das Knäuel ab und drehe einen Knoten, der mit großen Stichen auf dem Hinterkopf der Frau angenäht wird. Schneide das Filzstück für das Körbchen aus, schneide an

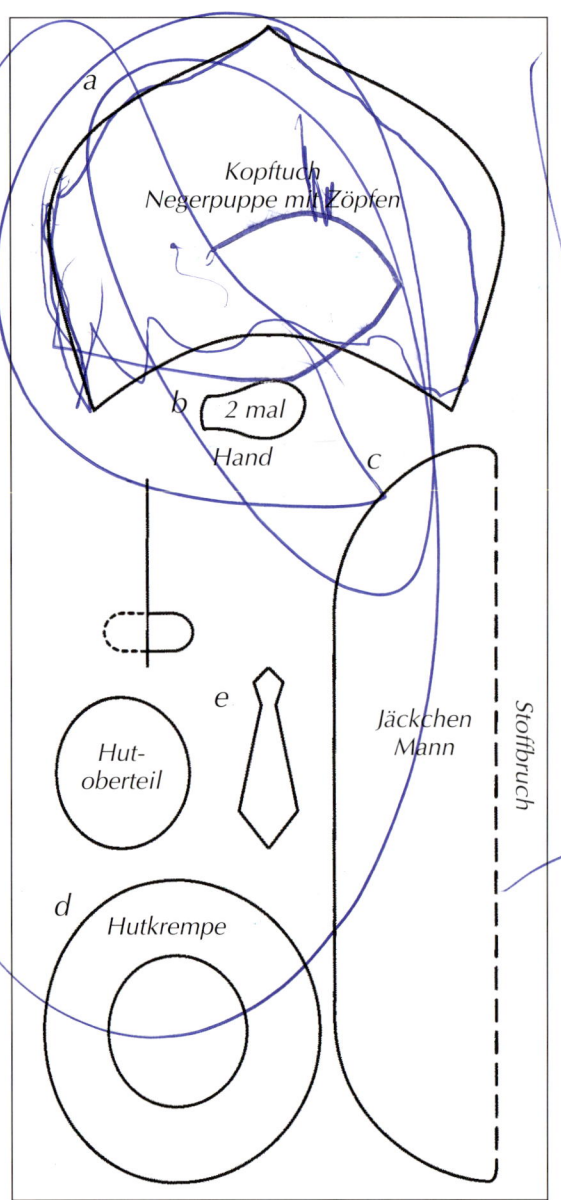

Abb.31 Schnitt Fingerpüppchen

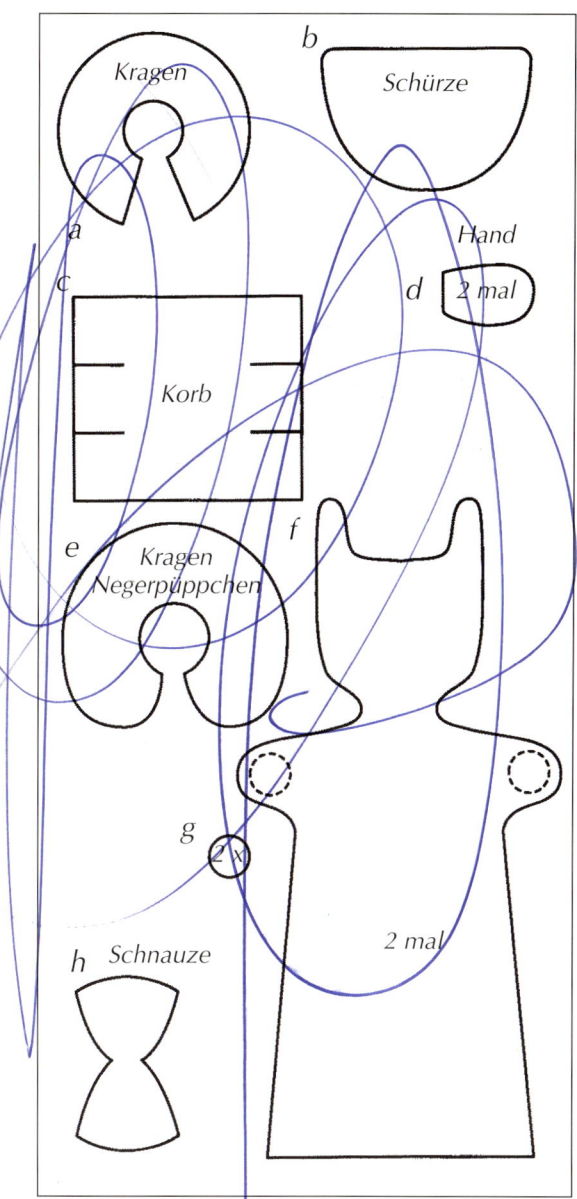

Abb.32   Schnitt Fingerpüppchen

den bezeichneten Stellen ein und nähe die zwei äußeren Teile übereinander. Der Henkel besteht aus einigen gehäkelten Luftmaschen.

Negerpüppchen:
Diese Puppe wird im großen und ganzen so gemacht wie die Frau mit Dutt. Der Kragen ist etwas größer (Abb. 32e), der Bauch wird mit Perlen versehen, und für die Hände werden kleine Holzperlen vorne an den Ärmel genäht. Sticke die Haare mit großen Schlingen, die jeweils mit einem kleinen Zwischenstich befestigt werden.

Hund:
Vorder- und Rückseite des Hundes sind gleich, die Schnauze wird extra aufgenäht. Schneide die Teile von Schnitt 32 f–h aus, nähe die beiden großen Teile aufeinander und stopfe etwas Schafwolle in den Kopf. Schließe die beiden Seitennähte der Schnauze, fülle diese ebenfalls mit ein wenig Wolle und setze sie an. Schließlich bekommt der Hund zwei Pfoten, Augen aus schwarzen Perlen und ein auf die Schnauze gesticktes Maul.

Laufpuppen

Material:

Filz
ungesponnene Schafwolle
Trikot für Köpfe und Hände
Strickwolle
Pfeifenputzer

Arbeitsvorgang:

Stelle aus Trikot und Schafwolle runde Köpfchen
von ca. 3 cm Durchschnitt her, wie auf Seite 17
beschrieben.
Wie aus der Abb. 34 ersichtlich, kann man mit
diesen Puppen laufen. Sie bestehen aus zwei Teilen: dem Oberkörper und den Beinen, die hinten
am Oberteil festgemacht werden. Dadurch kann
man die Finger hinten in die Hosenbeine stek-
ken. Für die Arme und Hände werden Stücke
Pfeifenputzer am Ende umgebogen, so daß sie
noch eine Länge von ca. 12,5 cm haben. Umwickele sie ganz dünn mit Schafwolle und binde
die Hände mit Trikot ein. Die Schnitte in Abb. 33
und 35 enthalten eine Jacke für den Mann, ein
Kleidchen für die Frau, eine Hose mit weiten
Beinen, eine Zipfelmütze, ein Kopftuch und
Schuhe bzw. Stiefel. Schneide alle Teile zu. Stek-
ke die Köpfchen durch die Halsausschnitte und
befestige sie gut. Lege die Pfeifenputzerarme
durch das Jäckchen, so daß die Hände herausschauen. Schließe alle Nähte der Jacke bis auf
eine Stelle, durch die etwas Schafwolle hinein-
gesteckt wird. Nähe danach auch das Loch zu.
Der Oberkörper ist jetzt fertig.

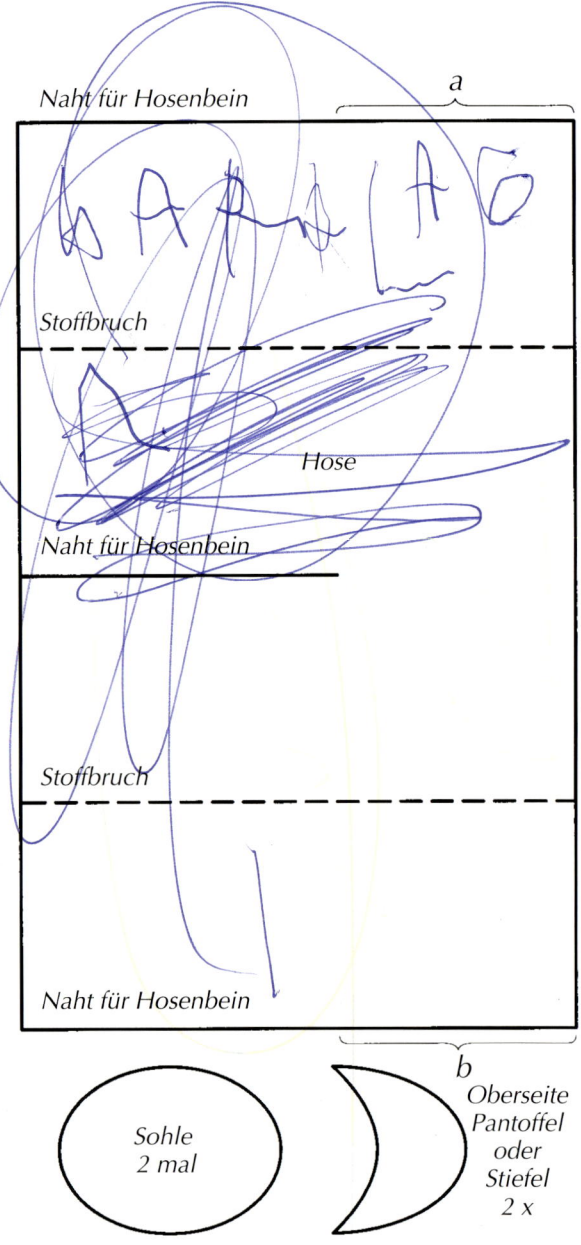

Abb. 33

Abb.34

31

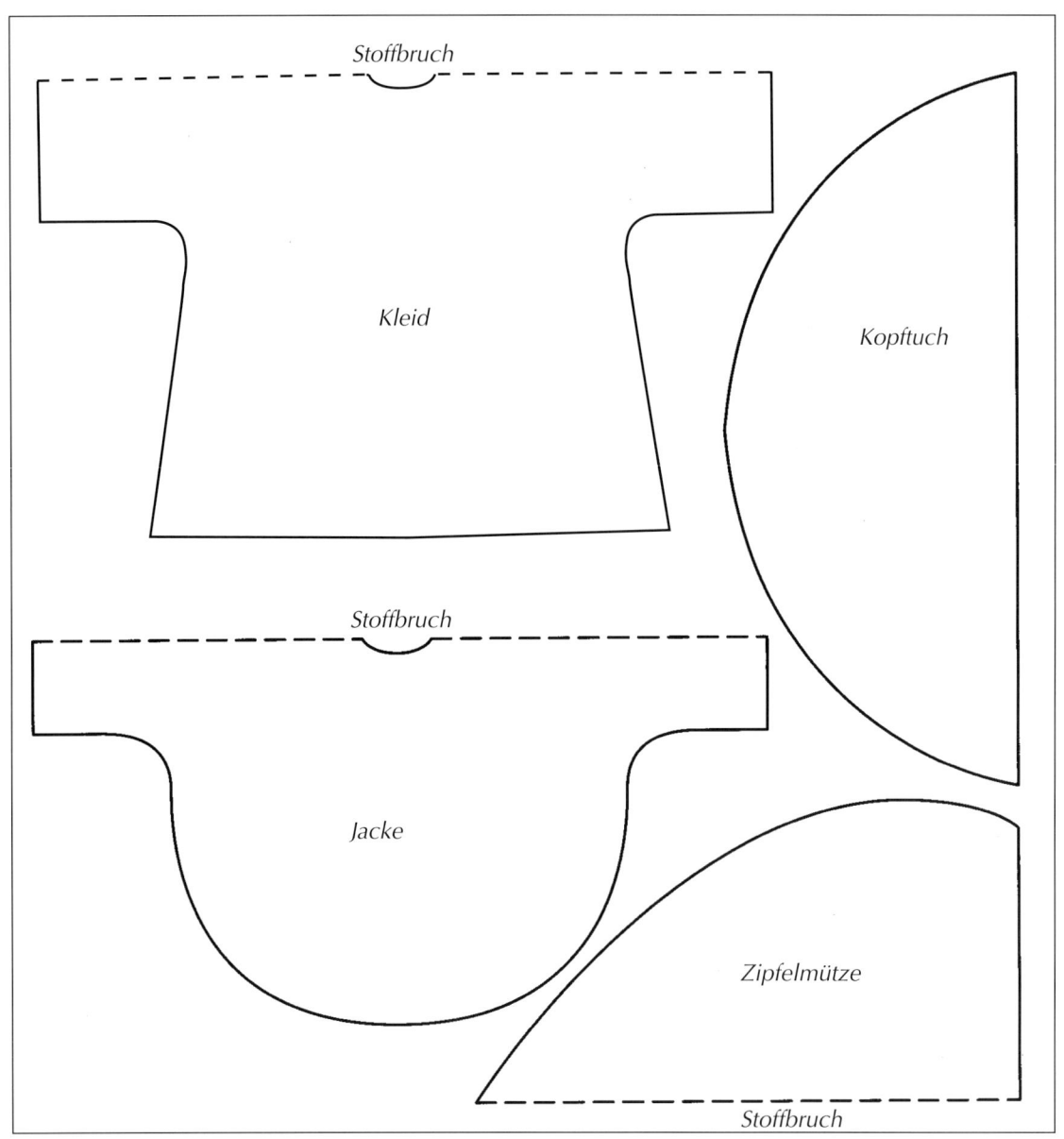

Stoffbruch

Kleid

Kopftuch

Stoffbruch

Jacke

Zipfelmütze

Stoffbruch

Abb. 35

Nähe die Hose zu, wobei Seite a an Seite b kommt. Schneide für die Stiefel des Mannes ein Filzstück von ca. 3,2 mal 6,2 cm aus. Ansonsten sind Stiefel und Pantoffeln gleich zu machen. Die Stiefelschäfte werden zuerst am Hosenbein festgenäht. Dann kommen Oberseite und Sohle hinzu. Beide Schuharten werden vor dem Zunähen mit etwas Wolle gefüllt. Anschließend wird die Vorderseite der Hose in Taillenhöhe hinten an das Oberteil genäht. Die Hosenbeine bleiben oben offen, so daß man zwei Finger hineinstecken kann. Mit Zipfelmütze und Kopftuch werden die Puppen zuletzt ausgestattet. Der Mann bekommt dabei Haare aus ungesponnener Wolle, die Frau Rattenschwänze aus gelber Strickwolle. Zeichne oder sticke nach Wunsch ein Gesichtchen ein.

Püppchen mit einem Grundgerüst aus Pfeifenputzern

Grundmodell

Material:
Pfeifenputzer
unlackierte Holzperlen (Durchmesser 12 und 5 mm)
Filz
ungesponnene Schafwolle
dünne gelbe Wolle

Arbeitsvorgang:
Lege einen Pfeifenputzer doppelt und leime ihn in das Loch der größeren Perle (siehe Abb. 36a). Drehe einen zweiten Pfeifenputzer in Halshöhe um den doppelten herum (Abb. 36b). Schneide Arme und Beine in richtiger Länge ab. Schneide nun die Hosenbeine aus (Schnitt in Abb. 37), wobei der Stoff doppelt liegt. Falte sie um die Beine und nähe sie zusammen. Sie werden unter der Achsel und im ‹Schritt› zusammengenäht. Schneide das Kittelchen aus Abb. 37 doppelt aus und lege es über die Schultern der Puppe. Schließe die Nähte unter den Armen, befestige den Kittel am Rücken. Vielleicht bekommt das Püppchen einen Streifen andersfarbigen Filzes um den Hals? Für die Haare werden etwas ungesponnene Schafwolle oder einige Fäden Strickwolle auf den Kopf geklebt. Schneide die Zipfelmütze zu und schließe die hintere Naht; klebe die Mütze auf dem Kopf fest. Die Püppchen sind ungefähr 6 cm groß.

Das weibliche Püppchen auf Abb. 38 hat statt des Jäckchens ein Kleid an (Schnitt in Abb. 37). Wickele für ihr Haar gelbe dünne Wolle mindestens zehn mal um vier Finger. Streife sie von den Fingern und nähe sie in der Mitte mit mehreren Heftstichen zusammen. Klebe sie dann auf dem Kopf fest. Wenn der Leim trocken ist, werden die Haare auf eine Länge geschnitten.

Abb. 36

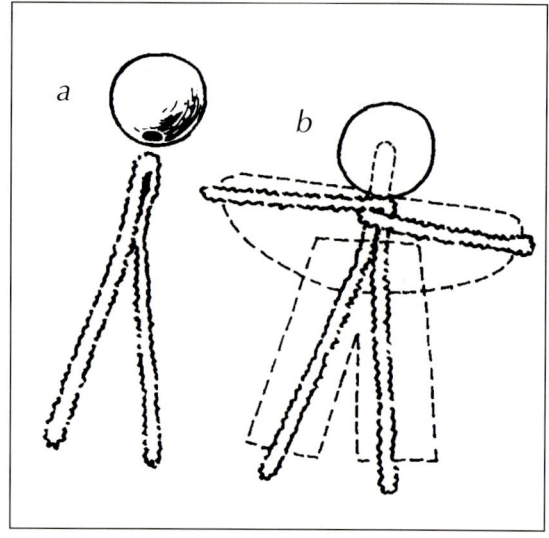

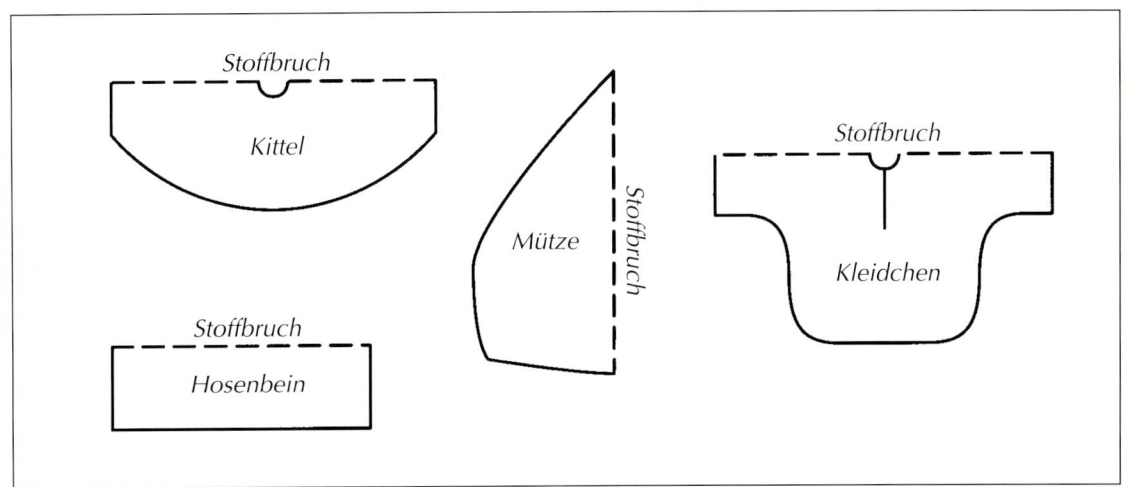

Stoffbruch

Kittel

Stoffbruch

Mütze

Stoffbruch

Stoffbruch

Kleidchen

Stoffbruch

Hosenbein

Abb. 37

Abb. 38

Wichtel

Material:
Dünner Eisen- oder Kupferdraht
farblos lackierte Perle, Durchmesser 12 mm
vier rote Perlchen, Durchmesser 5 mm
ungesponnene Schafwolle oder Kammgarn
Filz
Alleskleber

Arbeitsvorgang:
Der Wichtel auf Abb. 39 ist ca. 6 cm groß.
Für das Grundgerüst kann man statt des Pfeifen-
putzers auch sehr gut dünnen Draht nehmen.
Stecke ein 50 – 60 cm langes Drahtstück durch
die größere, farblose Perle und schiebe diese
bis in die Mitte des Drahtes. Das Loch in der
Perle soll vertikal verlaufen. Drehe die beiden
Drahtenden umeinander, bis ein Hals von ungefähr 5 mm entstanden ist (Abb. 40a). Biege
die Drähte nach links und rechts auseinander
und fädele auf beiden Seiten eine kleine rote
Perle auf. Schiebe die Perle bis etwa 25 mm an
den Hals hin. Biege nun den Draht um die
Perle herum und wickele ihn um das innere
Stück herum bis zum Hals zurück (Abb. 40b).
Die freien Enden des Drahtes kreuzen sich also
dann am Hals. Für die Füße wird im Abstand
von ca. 4 cm vom Hals auf jedes Bein wieder
eine rote Perle gefädelt, der Draht darum her-
umgebogen und wie bei den Armen spiralför-
mig zurückgewunden bis unter die Achseln.
(Abb. 40c). Dieses Gestell wird nun mit dünn
ausgezogener Schafwolle umwickelt. Schneide
den Anzug aus Abb. 41 zu und nähe ihn um
den Körper herum zu. Schneide die Mütze aus,
nähe sie hinten zu und klebe sie auf dem Kopf
fest. Als letztes wird der Kragen ausgeschnitten

und angenäht. Dieser Wichtel sitzt besonders
gerne auf einem Zweig im Weihnachtsbaum.
Natürlich kann man ihn auch ein ganzes Stück
größer machen.

Abb. 39

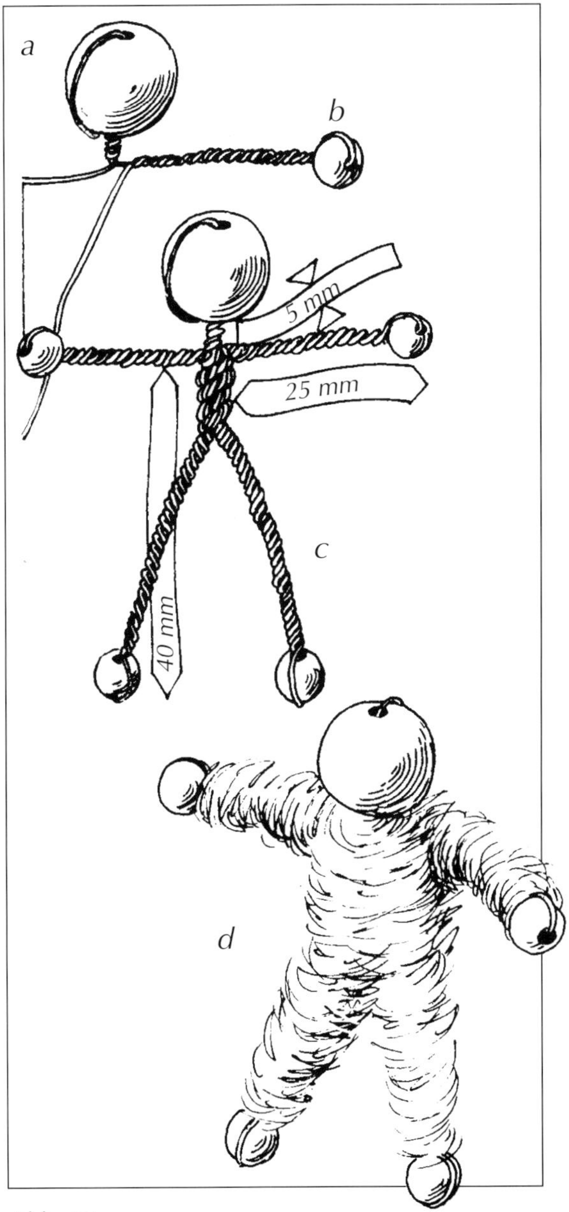

Abb. 40

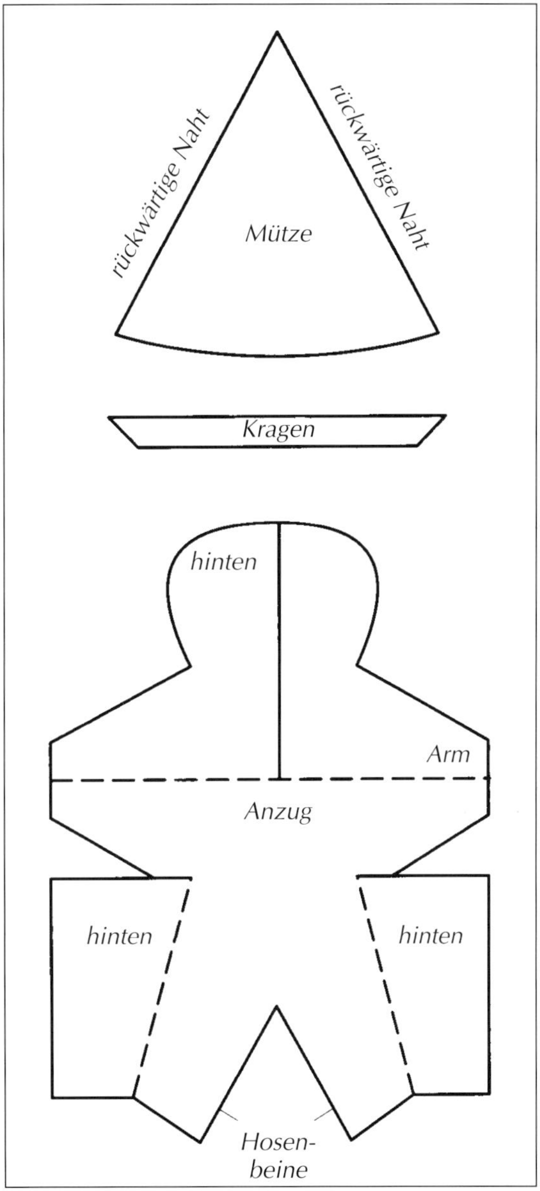

Abb. 41   Schnitt Wichtel

Hofnarr

Material:
Pfeifenputzer oder Draht
eine unlackierte Holzperle, Durchmesser 16 mm
Schafwolle
Filz
ein Glöckchen

Arbeitsvorgang:
Die Püppchen sind ohne Mütze 7– 8 cm groß.
Das Gestell wird hergestellt, wie im vorigen Ab-
schnitt beschrieben. Man kann den Anzug des
Narren ein- oder zweifarbig machen (Abb. 43).
Für den einfarbigen wird der Schnitt aus Abb.
42b aus doppeltgelegtem Filz zwei mal zugeschnitten. Die beiden Hälften werden um den
Körper zusammengenäht. Füße und Hände sind
im Anzug des Narren enthalten und werden in-
nerhalb der Perlen abgebunden. Schneide den
Kragen von Abb. 42a aus, kräusele ihn und befestige ihn um den Hals. Die Narrenkappe wird
doppelt zugeschnitten, zusammengenäht und
aufgeklebt. An ihrem Ende wird ein Glöckchen
oder eine kleine Perle befestigt.
Für den zweifarbigen Narrenanzug wird der
Schnitt in Abb. 42b einzeln je zwei mal in einer
anderen Farbe ausgeschnitten und versetzt aneinandergenäht, so daß wieder eine Vorder- und
eine Rückseite entsteht. Auch der Kragen besteht
aus zwei unterschiedlichen Hälften.
Anschließend wird das Püppchen genauso wie
das andere fertiggestellt.

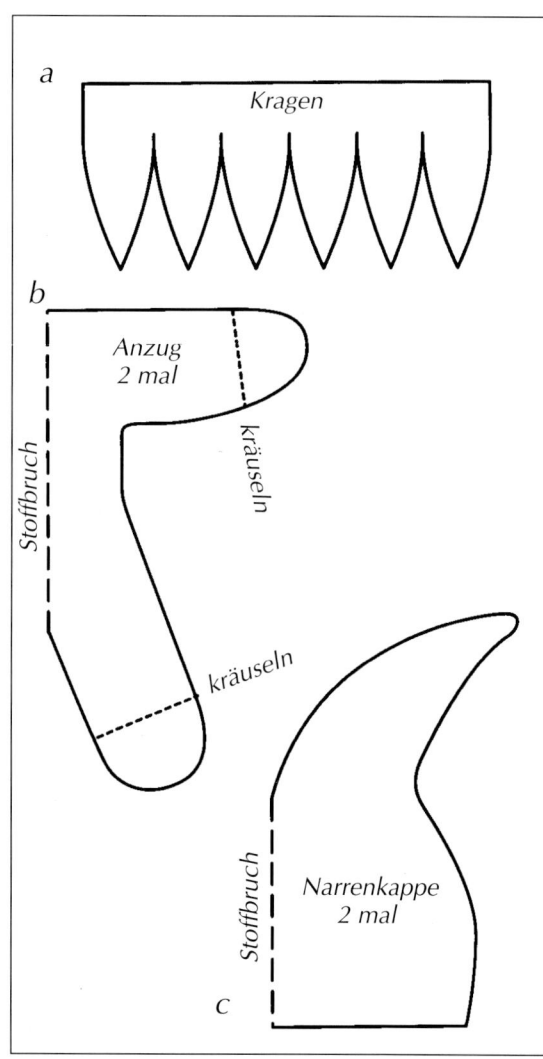

Abb. 42   Schnitt Hofnarr

Abb. 43

Pfeifenputzermännchen mit Händen aus Trikot

Material:
Pfeifenputzer
eine unlackierte Holzperle
rosa Trikot
Filz
kleine rote Perlen

Arbeitsvorgang:
Fertige ein Gestell in der Grundform an (Siehe S. 34, Abb. 36). Nehme jedoch ein längeres Stück Pfeifenputzer, da die Enden an Händen und Füßen hier nicht abgeschnitten, sondern umgebogen werden. Arme und Beine bestehen

Abb. 44

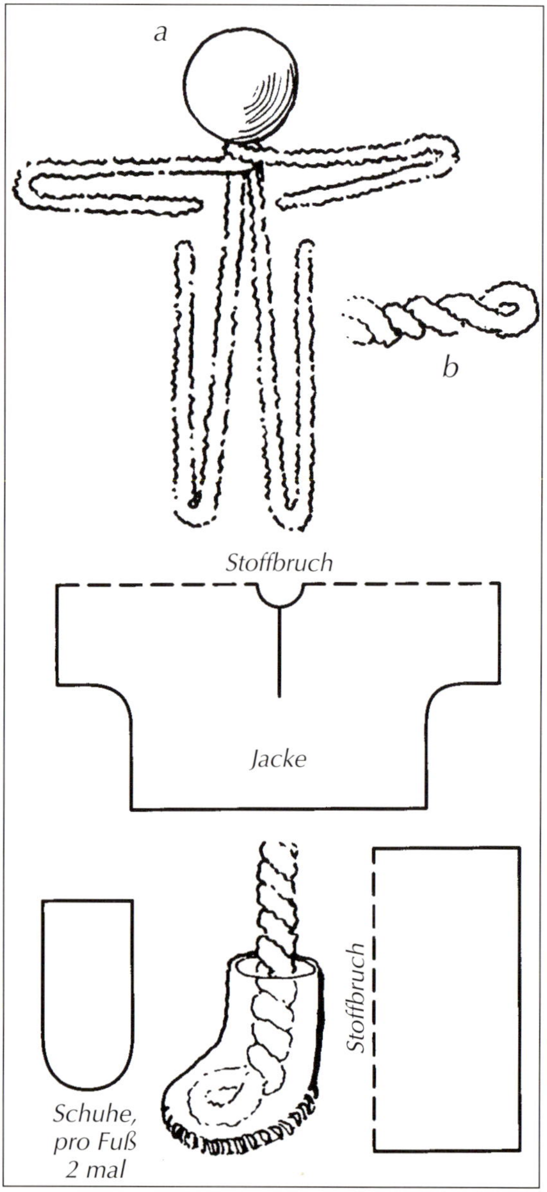

a

b

Stoffbruch

Jacke

Schuhe, pro Fuß 2 mal

Stoffbruch

Abb. 45   Schnitt Pfeifenputzermann

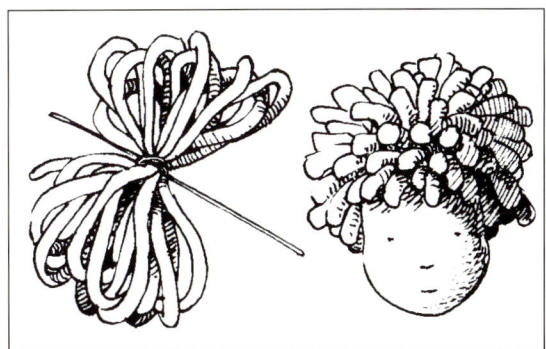

Abb. 46

Der Mann im Mond

Material:
Pfeifenputzer
eine unlackierte Holzperle, Durchmesser 16 mm
Filz
ungesponnene Schafwolle
rote Perlen, Durchmesser 4 mm
ein Ring aus dickem Draht, Durchschnitt ca. 8 bis
9 cm, oder ein Stück Peddigrohr

Arbeitsvorgang:
Der Mann im Mond ist ohne Mütze ca. 7 cm
groß. Stelle ein Grundgerüst, wie auf Seite 37
beschrieben, her und umwickele es mit ungesponnener Wolle.

also aus doppeltem Pfeifenputzer. (Abb. 45a).
Eventuell zu lange Stücke können oben um den
Leib gewickelt werden.

Für die Hände werden kleine Läppchen rosa Trikot um die Enden der Arme gelegt und am Puls
abgebunden. Schneide aus Abb. 45 die Stücke
für Jacke, Hosen und Schuhe aus. Zuerst werden
die Schuhe fertiggestellt: nähe die beiden Filzstückchen aufeinander, ziehe sie über die Füße
und binde sie fest. Streife die Hosenbeine über
und nähe sie zusammen; sie reichen bis unter
die Achseln und werden dort aneinandergenäht.
Ziehe die Jacke über den Kopf und schließe die
Nähte am Ausschnitt. Besetze die Jacke vorne
mit kleine Perlen. Für die Haare wird Strickwolle
und mehrere Finger gewickelt, abgestreift und
nur in der Mitte zusammengenäht. Die aufge-
schnittenen Schlingen können dann strahlenför-
mig um den Kopf geklebt werden.

Abb. 47

Nähe die Hose vom Schnitt in Abb. 48a an dem Männchen fest. Ziehe die Hosenbeine unten zusammen und nähe mit dem gleichen Faden eine kleine rote Perle als Füßchen an. Schneide das Jäckchen zu, schneide eine kleine Öffnung für den Kopf hinein und nähe es um das Männchen herum. Auch hier werden die unteren Enden der Arme zusammengezogen und mit Perlen versehen. Die Haare sind aus ungesponnener Wolle.

Schneide die Mütze aus, nähe sie zu und klebe sie auf die Haare. Umwickele den Metallring oder einen Ring aus Peddigrohr mit gelber Wolle, lege ihn auf ein Stück gelben Filzes, zeichne einen Halbmond in passender Größe auf und schneide ihn etwas größer aus. Nähe ihn um den Ring herum. Das Ganze wird an einem gelben Faden aufgehängt.

Abb.48   Schnitt Mann im Mond

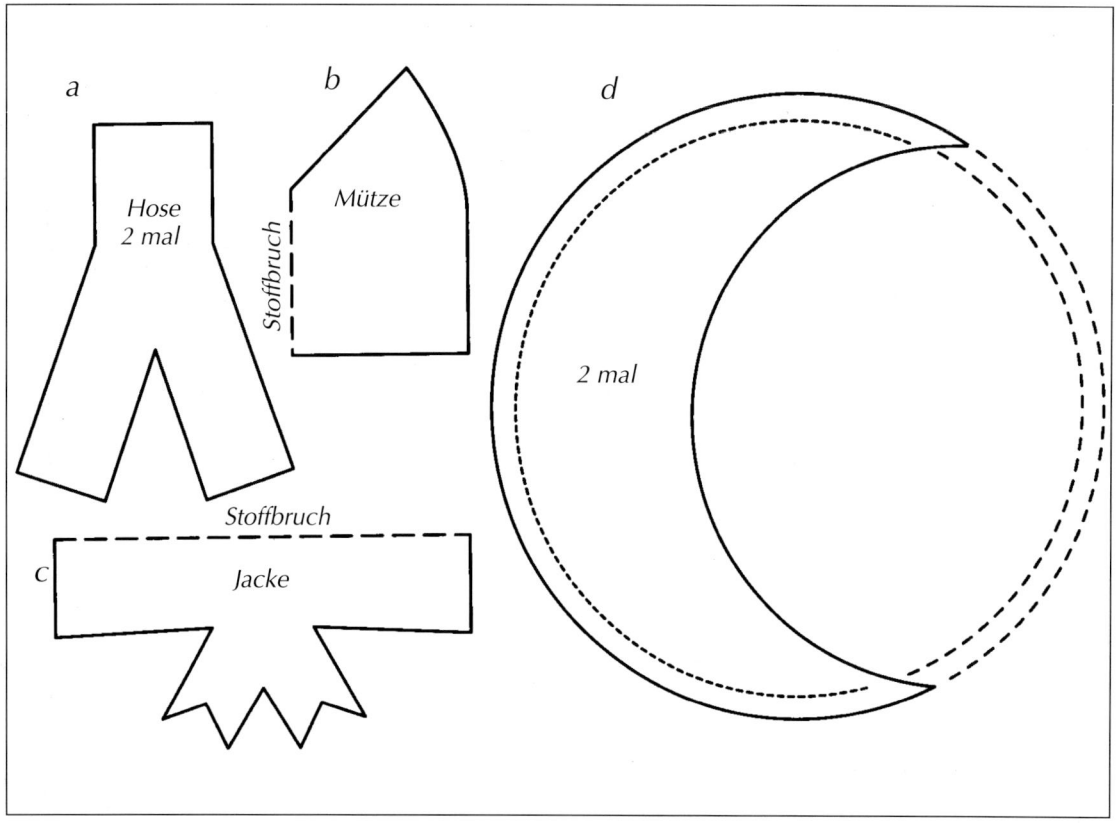

Hölzerne Puppe mit beweglichen Armen und Beinen

Material:
Hölzernes Püppchen aus dem Bastelgeschäft
Filz
Strickwolle

Arbeitsvorgang:
Man kann in Bastelläden Püppchen kaufen, bei denen Kopf, Hände und Füße aus Holz, die Gliedmaßen aus mit Sisal verkleidetem Draht sind. Dadurch können die Püppchen stehen, ihre Gliedmaßen in jede gewünschte Position gebracht werden (Abb. 50). Das gleich gilt auch für die Pfeifenputzerfiguren, aber im allgemeinen können sie nicht sehr gut stehen.

Abb. 49   Schnitt Holzpuppe

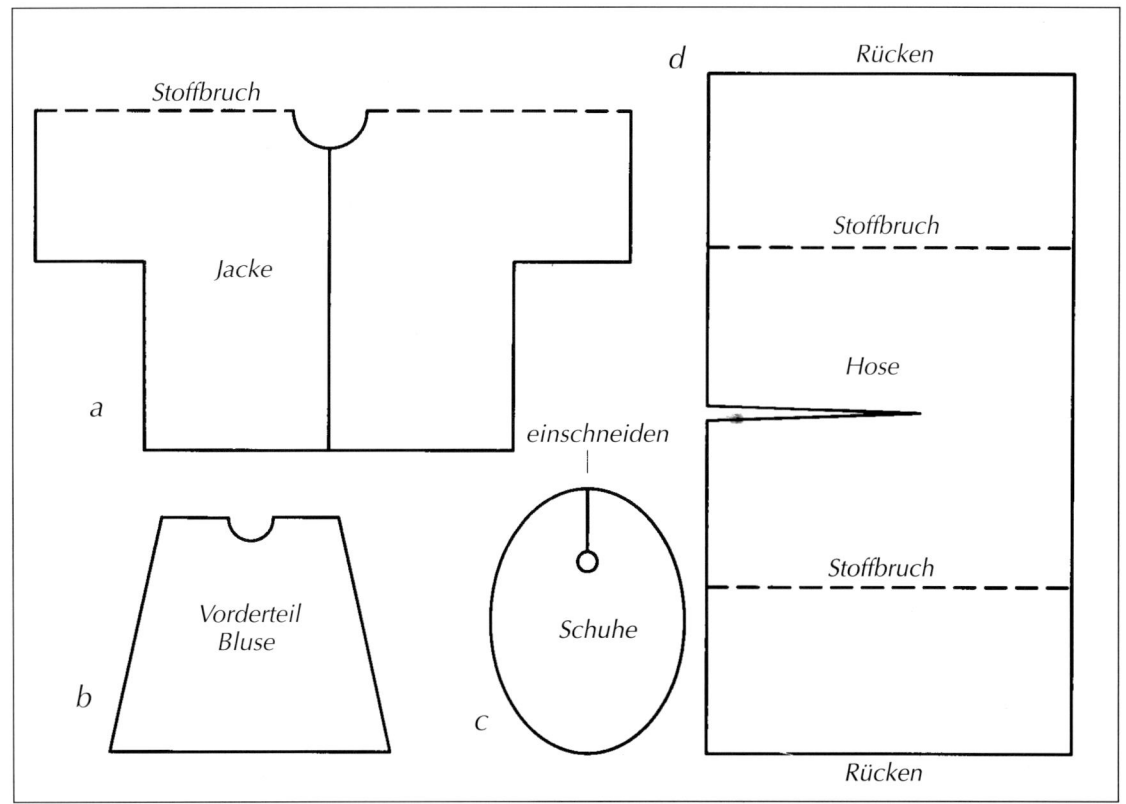

Wir beginnen das Einkleiden an den Füßen. Klebe ein Stück Filz unter die Fußsohlen und schneide es rundum ab, wobei es 1 bis 2 mm überstehen sollte. Schneide nun die Oberteile der Schuhe nach Schnitt 49c aus und klebe sie auf. Nähe die Ränder der Sohlen daran fest.

Schneide die Hose von Abb. 49d aus und schließe die Naht an der Rückseite. Eventuell müssen die oberen Enden schräg abgeschnitten werden, damit die Hose oben enger sitzt. Sie reicht fast bis unter die Achseln. Da die Puppe eine Jacke trägt, hat das Hemd nur eine Vorderseite. Die Oberkante wird am Hals, die Unterkante an der Hose festgenäht. Schneide zuletzt die Jacke aus (Abb.49a), schließe die Nähte und ziehe das Püppchen an. Für die Haare siehe Seite 8.

Abb. 50

Tierfiguren

Enten

Material:
Filz
dünner Karton
ungesponnene Schafwolle

Arbeitsvorgang:
Die Enten auf Abb. 51 sind 4 bis 5 cm lang. In Abb. 52 sind die Schnitte für zwei verschieden große Enten gezeichnet: jeweils zwei gleiche Seitentei- le, die Unterseite, zwei Flügel, Schnabel und Au- gen. Schneide alle Teile aus. Damit die Tiere si- cherer stehen, wird die Unterseite innen mit ei- nem gleich großen Stück Karton beklebt. Nähe Kopf und Hals zu, wobei der Schnabel vorne mit eingenäht wird. Fülle nun ein wenig ungesponne- ne Schafwolle in Kopf und Hals. Nähe den restli- chen Leib zu. Die Unterseite wird erst geschlos- sen, wenn das ganze Tier mit Wolle gefüllt ist. Nähe die Flügelchen nur an ihrer Vorderseite am Körper fest. Die Augen können aus kleinen Filz- kreisen gemacht oder auch aufgestickt werden.

Abb. 51

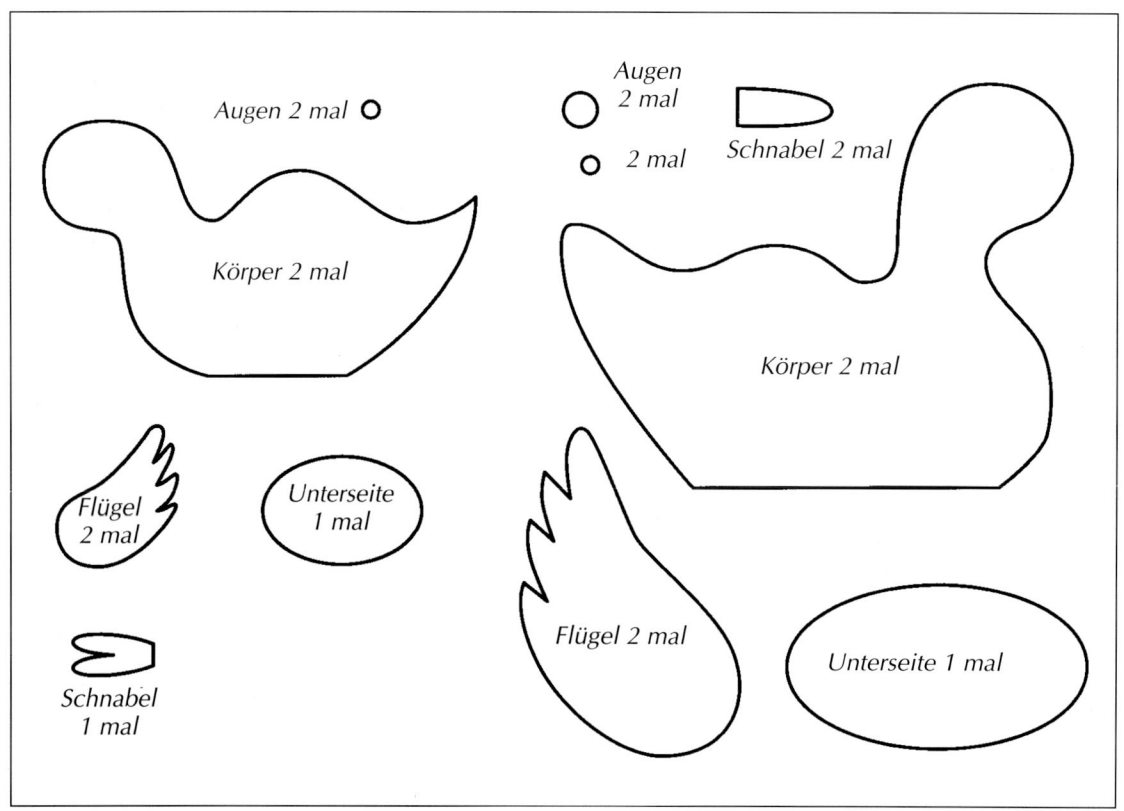

Augen 2 mal O

Augen 2 mal

Körper 2 mal

2 mal

Schnabel 2 mal

Körper 2 mal

Flügel 2 mal

Unterseite 1 mal

Flügel 2 mal

Unterseite 1 mal

Schnabel 1 mal

Abb. 52   Schnitt Enten

Schwan

Material:
Filz
dünner Karton
ungesponnene Wolle
rotes Stickgarn

Arbeitsvorgang:
Der Schwan besteht aus drei Teilen: Kopf und Hals mit Flügeln, Hinterteil und Unterseite.

Schneide die drei Schnitteile aus Abb. 53 aus, das Unterteil wieder zusätzlich aus Karton. Schließe die Nähte an Kopf und Hals und fülle diese mit Wolle. Nähe nun die obere Seite des Hinterteiles zu, fülle es ebenfalls mit Wolle und schließe es mit dem Unterteil. Nun wird das Vorderteil mit den Flügeln über das Rückenteil geschoben und an der Unterkante festgenäht. Nähe für die Augen ein kleines rundes Filzstück auf, oder sticke sie. Auch der Schnabel wird rot bestickt. Der Schwan ist ca. 8 cm lang und 8,5 cm hoch.

Abb. 53   Schnitt Schwan

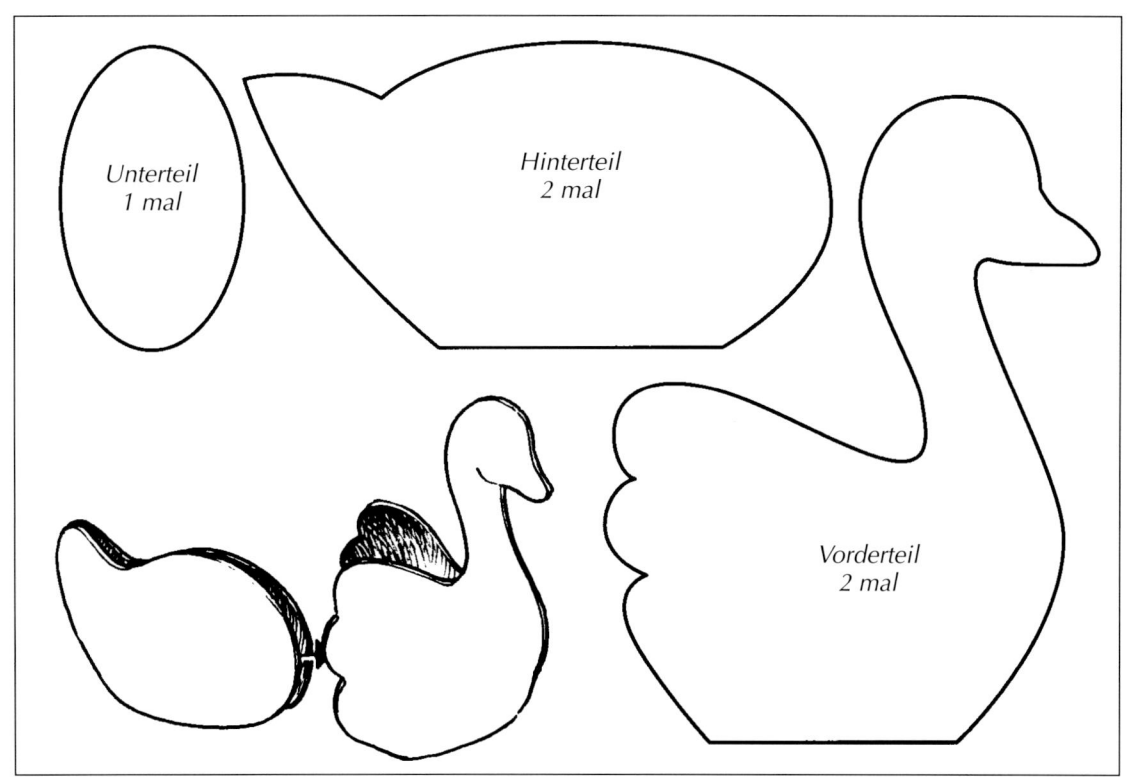

Unterteil
1 mal

Hinterteil
2 mal

Vorderteil
2 mal

Seehund

Material:
Filz
Schafwolle
Perlchen

Arbeitsvorgang:
Der Schnitt in Abb. 55 besteht aus zwei Teilen für
Kopf, Leib und Pfoten, zweien für die Unterseite
des Bauches und einem Kopfzwischenstück.
Schneide alles aus und nähe zuerst die beiden
Bauchteile zusammen (Naht a). Nähe den Einsatz an einem der beiden Seiten fest und dann
das andere Seitenstück bis ungefähr zur Mitte
daran. Der übrige Rücken bleibt vorerst noch

offen. Lege nun die aneinander genähten
Bauchstücke mit den Nahträndern nach innen
unter den Leib und nähe nacheinander Brust,
Vorderpfoten, Seiten und Hinterpfoten zu. Fülle
den Seehund ganz mit Wolle und schließe die
letze Naht im Rücken. Sticke zwei rote Perlchen
als Augen und einige Wollfäden als Schnurrhaare an (siehe Abb. 54).

Abb. 55   Schnitt Seehund

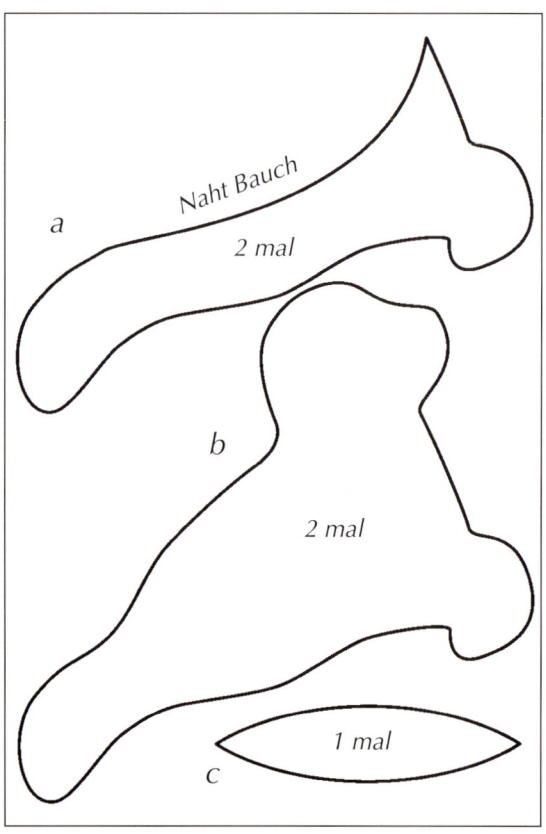

Abb. 54

Vogel

Material:
Filz
ungesponnene Wolle
ein Pfeifenputzer

Arbeitsvorgang:
Schneide nach dem Schnitt in Abb. 56 vier Teile zu: Oberseite des Körpers mit Flügeln, extra Flügel und zwei mal ein Teil für Kopf und Leib. Nähe die Flügel von unten an das große Körper-

und Flügelteil. Trotz dieser Verstärkung hängen die Flügel des fertigen Vogels nachher leicht nach unten. Wenn man das nicht möchte, kann man zwischen die Filzlagen ein entsprechend langes Stück Pfeifenputzer an der Vorderseite der Flügel mit einnähen, oder ein Stück Karton dazwischenkleben. Nähe die beiden Unterteile an der Mittelnaht zusammen. Sie bilden nun Schnabel, Kopf, Leib und Schwanz des Vogels. Nähe nun das Ganze am Oberteil fest. Lasse dabei am Schwanz ein kleines Stück offen, um den Vogel (bis auf die Flügel) mit Wolle aufzufüllen. Schließe die Naht und sticke Augen auf.

Abb. 56   Schnitt Vogel

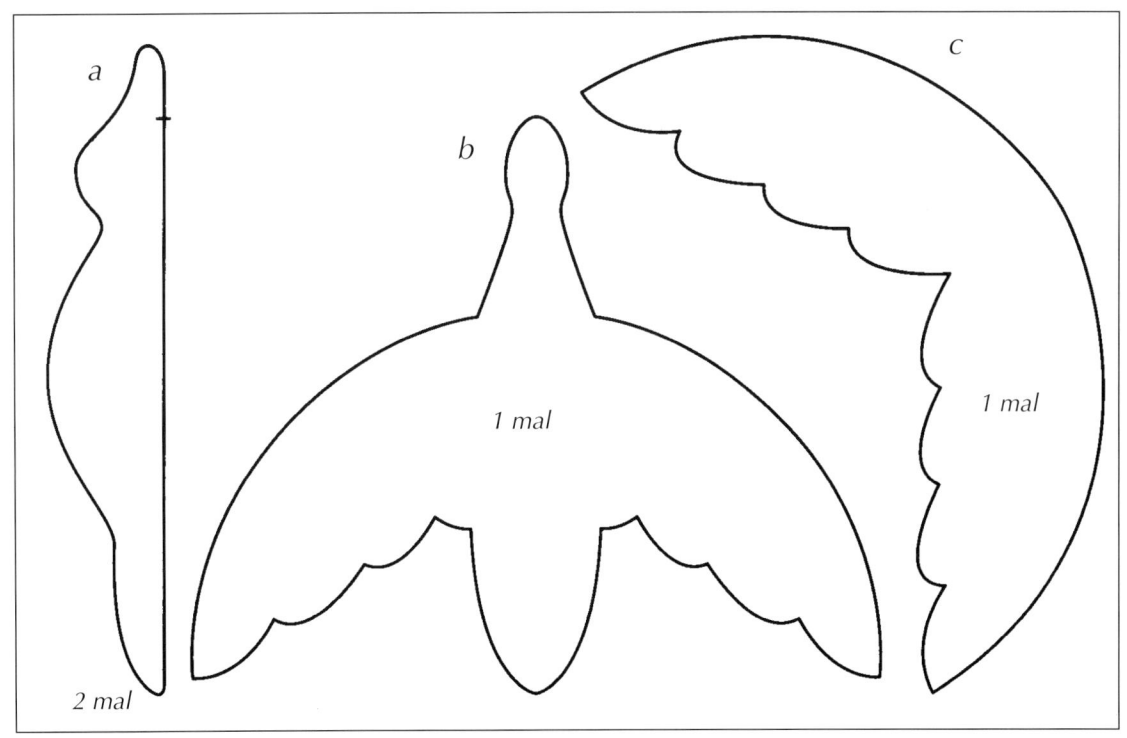

Abb. 57

Mobile mit Schmetterlingen

Material:
Filz
Pfeifenputzer
dünner grüner Blumendraht
kleine Perlen

Arbeitsvorgang:
Die Schmetterlinge haben Flügel aus zwei Lagen
Filz, die aufeinandergeklebt und wenn nötig -ge-
näht werden. Wie man auf Abb. 59 sieht, kann

Abb. 58   Schnitt Schmetterlingsflügel

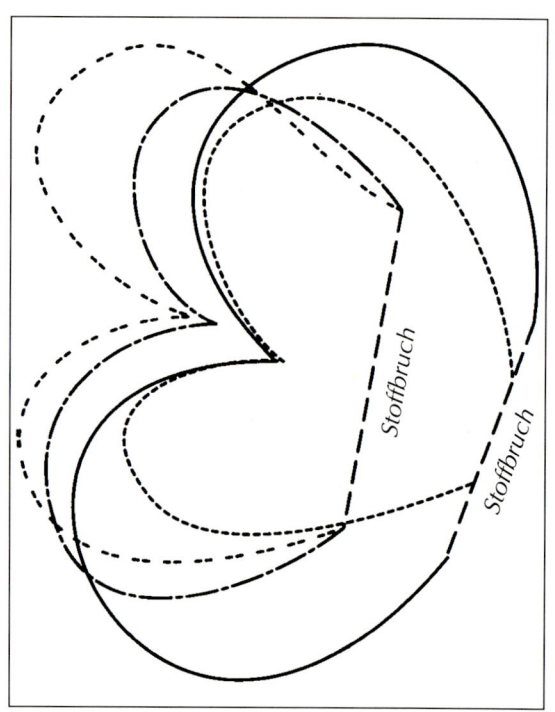

Für den Schnabel wird orangefarbenes Stickgarn
zuerst an der Spitze angestickt und dann dicht
um den Schnabel herumgewickelt. Man muß mit
einigen kleinen Stichen die Fäden befestigen.
Zum Aufhängen wird ein Faden etwas rechts und
links von der Mitte ungefähr in Flügelhöhe durch
den Vogel gezogen. Man wird etwas ausprobie-
ren müssen, bis der Vogel eine befriedigende
Position hat.
Wenn man mehrere, in Farbe und Größe unterschiedliche Vögel herstellt, kann man daraus ein
hübsches Mobile machen. Entweder an einem
Reifen, oder an mehreren einzeln beweglichen
Stöckchen.

Abb. 59

51

man bei der Wahl der Flügelformen und der Mu-
ster, die auf die Flügel geklebt werden, seiner
Phantasie freien Lauf lassen. Auch die Wahl der
Farben ist spannend, da durch die ausgeschnitte-
nen Formen der darunterliegende Filz zu sehen
ist. Das Innere der Leiber ist aus ca. 5 cm langen
Pfeifenputzern. Befestige zuerst zwei Stücke dünnen Draht für die Fühler an einem Ende des Pfei-
fenputzers. Fädele zwei kleine Perlen in ca. 2 cm
Entfernung auf, biege den Draht darum und
wickele ihn zurück um das vordere Stück. Bekleide nun den Pfeifenputzerleib mit einem ungefähr
1,5 mal 6 cm großen Stück braunen Filzes. Umwickele danach den Leib mit farbigem Nähgarn
oder dünner Wolle. Nähe die Flügel an den
Schmetterlingsleib. Es erfordert einige Geduld,
die Schmetterlinge – z.B. an einem mit Wolle um-
wickelten Reifen – so aufzuhängen, daß sie richtig
‹fliegen›. Die Schmetterlinge auf Abb. 59 haben
an den Flügeln angenähte Vierecke aus dünnem
Draht. An vier Fäden aufgehängt, hängen sie in
einer schönen Position, und der Draht hält die
Flügel offen (siehe Abb. 60).

Schnecke

Material:
Filz
ungesponnene Wolle
ein langer Pfeifenputzer
dünner Karton

Arbeitsvorgang:
Der Schnitt in Abb. 61 besteht aus einem Leib,
doppelt gelegt ausgeschnitten, einem Schnek-
kenhaus und zwei Fühlern. Man muß auf jeden
Fall die Standfläche der Schnecke mit Karton verstärken, da sie sonst durch das Gewicht des
Schneckenhauses umfällt. Nähe den Leib zu,
wobei er vor dem endgültigen Schließen mit
Wolle ausgestopft wird.

Abb. 60

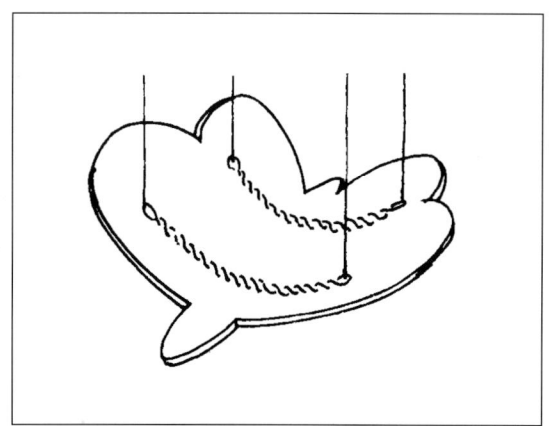

Abb. 61   Schnitt Schnecke

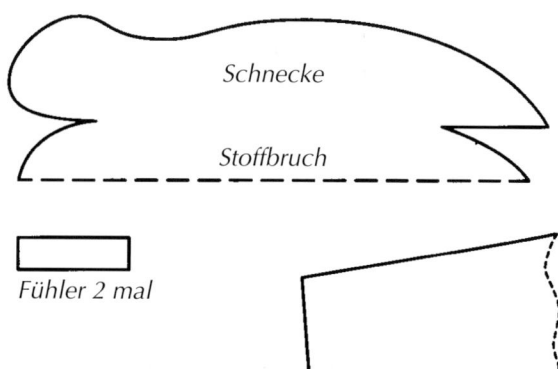

Schnecke

Stoffbruch

Fühler 2 mal

Nimm für das Schneckenhaus einen 20 cm langen Pfeifenputzer, zwei gewöhnliche Pfeifenputzer hintereinander oder ein Stück Draht in entsprechender Länge. Umwickele diesen ‹Kern› so mit ungesponnener Wolle, daß das eine Ende dicker ist als das andere und der Filz genau darum paßt. Nähe das lange Filzstück um den verkleideten Pfeifenputzer herum fest und rolle alles zu einem Schneckenhaus auf (siehe Abb. 63). Nähe die einzelnen Gänge aneinander und befestige das Haus auf dem Leib. Schneide schließlich für die Fühler zwei kleine Filzstücke aus, rolle sie fest zusammen, nähe sie zu und befestige sie auf dem Kopf der Schnecke.

Abb. 62

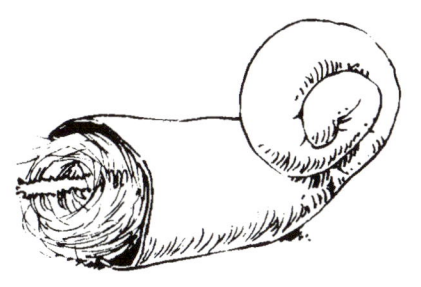

Abb. 63

Schneckenhaus, 20 cm lang

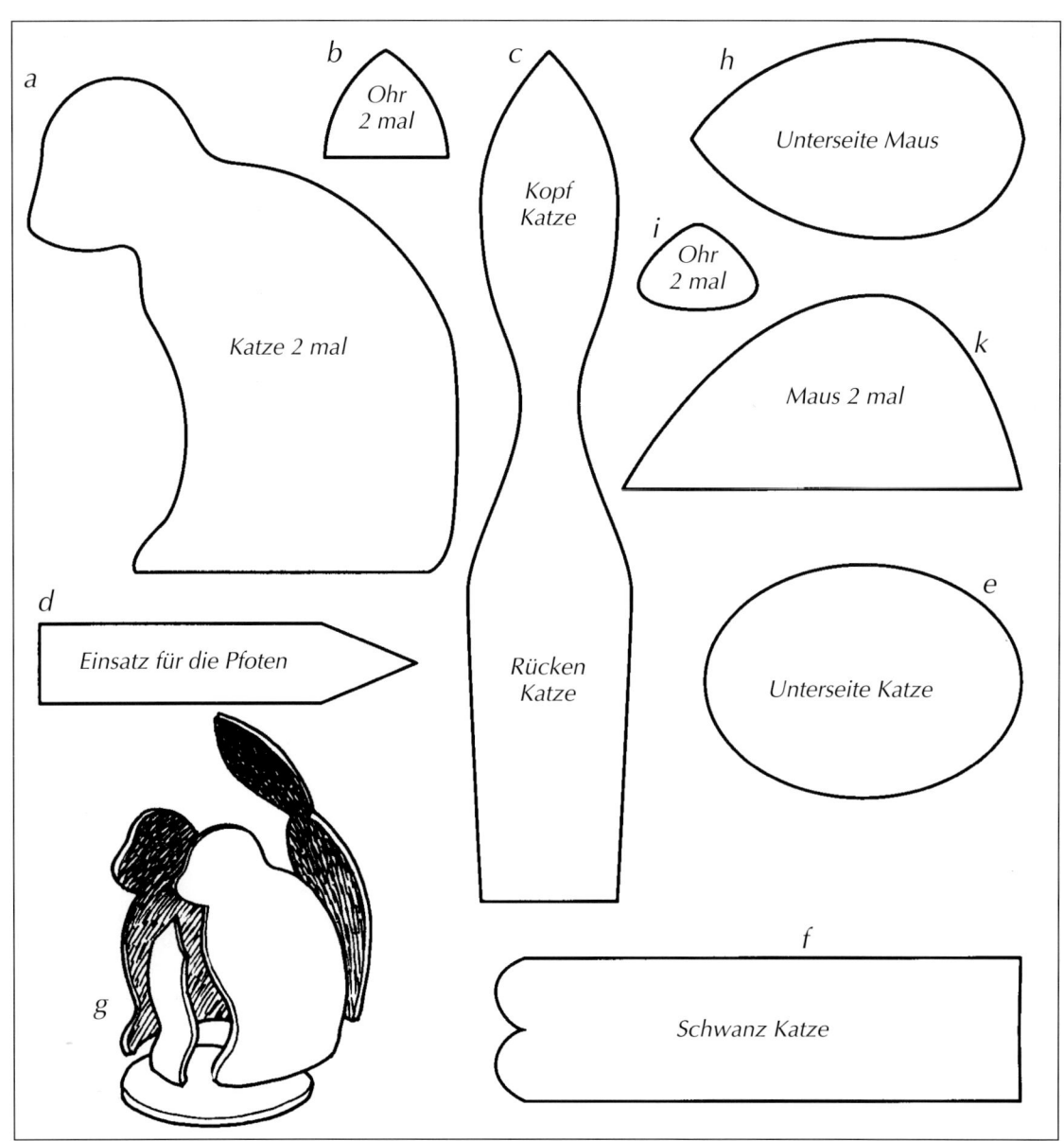

a

b
Ohr
2 mal

c
Kopf
Katze

h
Unterseite Maus

i
Ohr
2 mal

k
Maus 2 mal

Katze 2 mal

d
Einsatz für die Pfoten

Rücken
Katze

e
Unterseite Katze

g

f
Schwanz Katze

54

Abb. 64   Schnitt Katze und Maus

Sitzendes Kätzchen

Material:
Filz
ungesponnene Wolle
dünner Karton
Pfeifenputzer
kleines Glöckchen

Arbeitsvorgang:
Das fertige Kätzchen ist ca. 7 cm hoch. Schneide aus dem Schnitt in Abb. 64a–f alle acht Teile aus. Nähe zuerst den Kopfteil aus c zwischen die bei-

den Seitenteile und fülle den Kopf mit Wolle. Schließe nun auch die Seitennähte und setze an der Vorderseite den Einsatz für die Pfoten ein. Fülle den ganzen Leib mit Wolle auf. Klebe an die Innenseite der Sitzfläche zur Verstärkung ein etwas kleiner zugeschnittenes Stück Karton und nähe alles zu. Nähe am Schwanz die abgerunde-te und die lange Seite zu, stecke ein entsprechend langes Stück Pfeifenputzer hinein, nähe das Ende auch zu und befestige den Schwanz an der Katze. Nähe die Ohren an und sticke Augen und Schnurrhaare an. Das Kätzchen bekommt nun vielleicht noch ein Halsband mit einem Glöckchen um den Hals.

Abb. 65

Abb. 66

Mäuschen

Material:
Filz
ungesponnene Wolle
dünner Karton

Arbeitsvorgang:
Der Schnitt in Abb. 64h–k besteht aus fünf Teilen: Bauch, zwei Seitenstücke und zwei Ohren. Schneide alles aus und verstärke das Unterteil mit einem etwas kleiner geschnittenen Stück Karton. Nähe die Teile aneinander, lasse aber hinten ein kleines Stück offen, um die Maus gut mit Wolle auszustopfen. Schließe die letzte Naht. Nähe die Ohren an und sticke Augen, Schnauze und Schnurrhaare auf. Der Schwanz wird gehäkelt und dann angenäht.

Hund (1)

Material:
Filz
ungesponnene Wolle

Arbeitsvorgang:
Schneide die Teile aus Schnitt 67 zu: zwei Seitenstücke, ein Bauchteil, ein Einsatzstück und zwei Ohren. Nähe die beiden Seitenstücke zuerst nur am Schwanz zusammen und fülle ihn mit Wolle. Schließe nun die Nähte an Rückseite, Pfoten, Unter- und Vorderseite und stopfe die Pfoten und Beine mit Wolle aus. Nähe das Einsatzstück am Kopf fest und fülle auch ihn mit Wolle. Nun wird auch noch der Leib gestopft und die Rückennaht geschlossen. Nähe die

Schlappohren am Kopf an. Diese Ohren können die selbe Farbe wie der Leib haben, oder eine andere. Sticke Augen und Schnauze auf und gib dem Hund evtl. noch ein Halsband.

Abb. 67

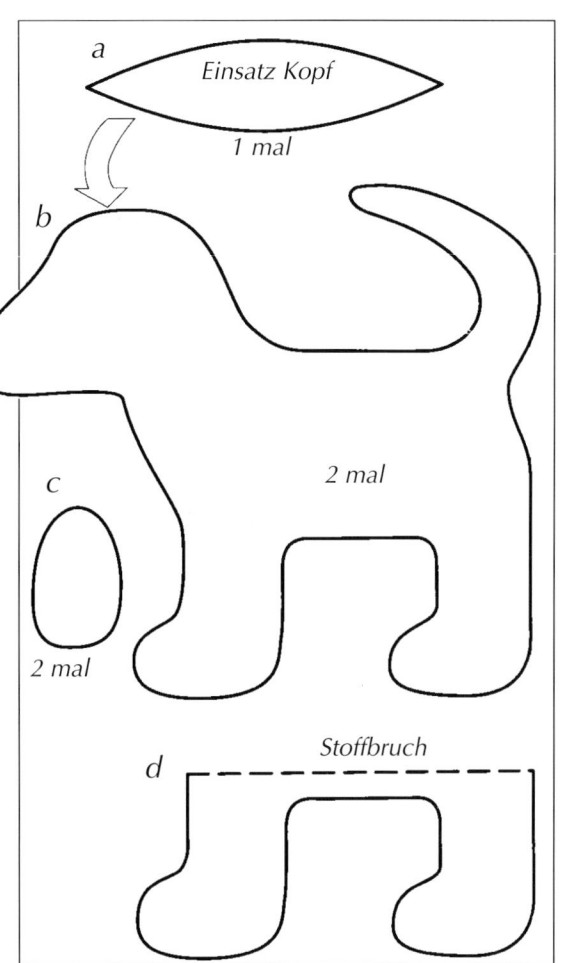

a Einsatz Kopf
1 mal

b

c

2 mal

2 mal

d Stoffbruch

Abb. 68

Hund (2)

Material:
Filz
ungesponnene Wolle

Arbeitsvorgang:
Schneide die Teile aus Abb. 70 a–d aus, Teil a zwei mal. Falte die Innenseiten der Beine nach innen und schneide die Pfoten unten rund zu. Nähe die Beine zu und fülle sie mit Wolle. Nähe die beiden Seitenteile aneinander, wobei am Kopf das Zwischenstück eingefügt wird. Schließe die Bauchnaht erst, wenn der Hund gut mit Wolle ausgestopft ist. Nähe Schwanz und Ohren an und sticke dem Hund Augen und Schnauze auf.

Pferdchen

Material:
Filz
ungesponnene Wolle
Strickwolle

Arbeitsweise:
Der Schnitt in Abb. 70 e–i besteht aus folgenden Teilen: zwei Seitenteile, ein Bauchstück, vier Fußsohlen, vier Ohrteile (zwei aus dem gleichen Stoff wie der Rest, zwei aus einem etwas zottigen Material) und ein Sattel. Dazu kommen eine Satteldecke und ein Sattelband. Lege das Bauchteil zwischen die beiden Seitenteile und nähe es rundum an. Nähe an jedes Bein eine ‹Sohle› und fülle die Beine mit Wolle. Nun kann der restliche Pferdeleib zugenäht werden, wobei wiederum

ein kleines Stück offenbleiben muß, um das Tier mit Wolle zu stopfen. Das Loch wird zuletzt geschlossen. Nähe nun die zwei verschiedenen Ohrteile jeweils ineinander und befestige die Ohren am Kopf. Sticke Augen und das Zaumzeug auf und fertige aus dünner Wolle Mähne und Schwanz. Zuletzt werden die Satteldecke (7 mal 3,5 cm) und der Sattel mit Sattelband (1 mal 6,5 cm) auf dem Rücken angenäht.

Abb. 69

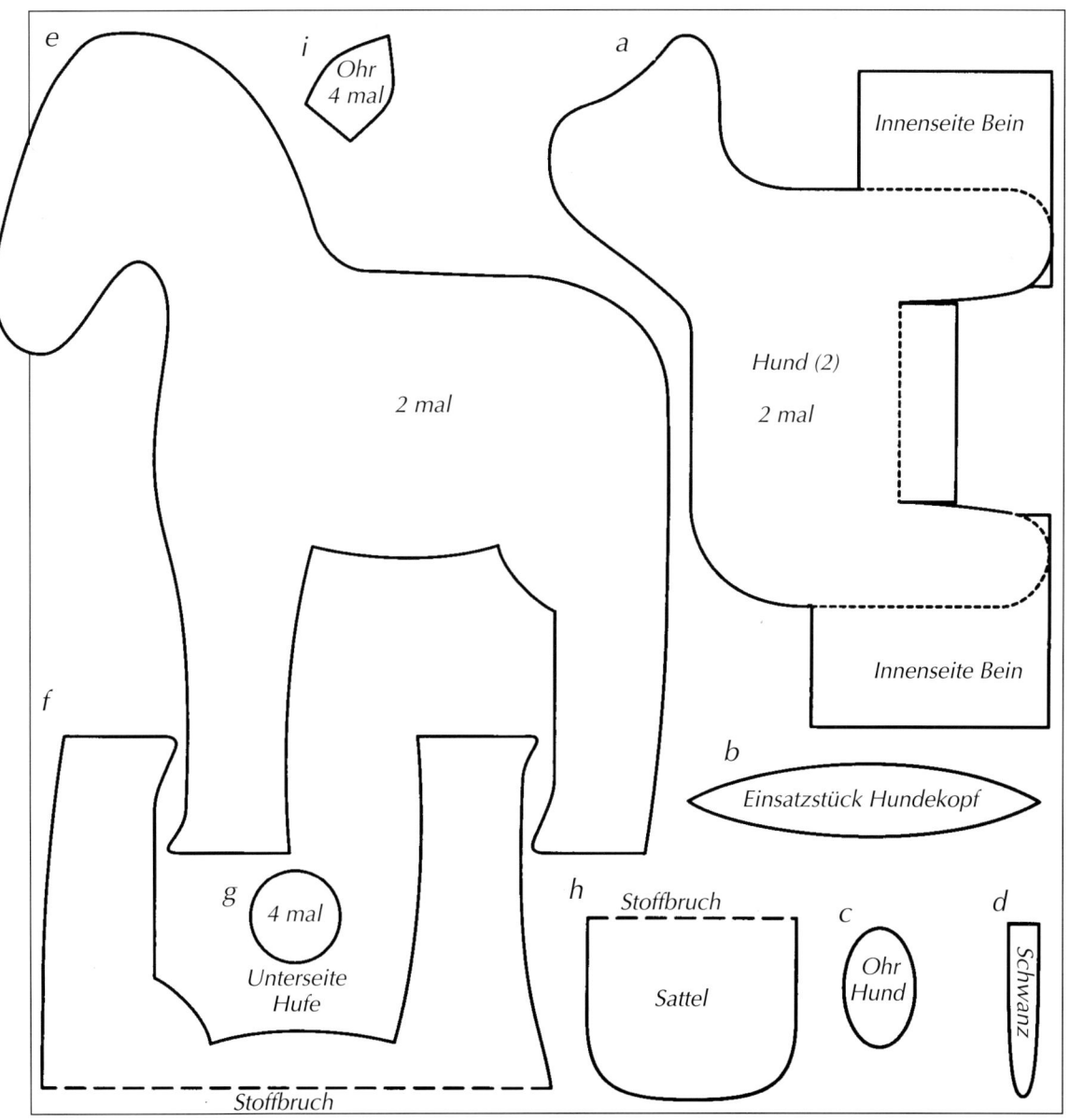

e

i Ohr
4 mal

a

Innenseite Bein

Hund (2)

2 mal

2 mal

Innenseite Bein

f

b

Einsatzstück Hundekopf

g 4 mal

Unterseite
Hufe

h Stoffbruch

Sattel

c Ohr
Hund

d Schwanz

Stoffbruch

Abb. 70   Schnitt Hund (2) und Pferd

59

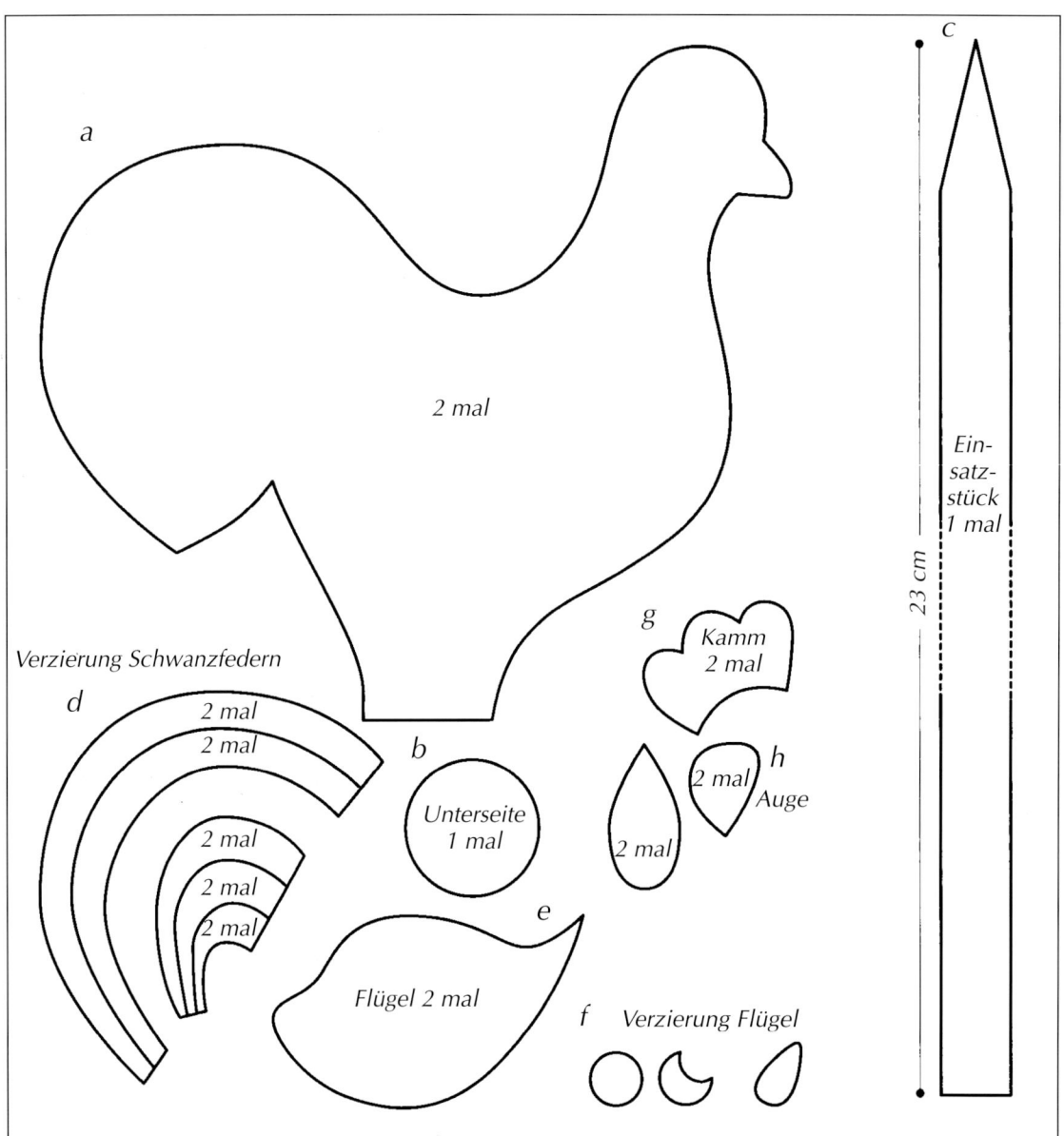

a

2 mal

c

Ein-
satz-
stück
1 mal

23 cm

Verzierung Schwanzfedern

d

2 mal
2 mal
2 mal
2 mal
2 mal

b

Unterseite
1 mal

g

Kamm
2 mal

h

2 mal

Auge

2 mal

e

Flügel 2 mal

f   Verzierung Flügel

Abb. 71

Hahn

Material:
Filz
ungesponnene Wolle
dünner Karton
kleine Perlen

Arbeitsvorgang:
Der Körper des Hahnes besteht aus vier Teilen: zwei Seitenteile, ein oberes Einsatzstück und die Unterseite. Die übrigen Teile des Schnittes in Abb. 71 sind zur Verzierung. Schneide die Schnitteile aus und nähe zuerst die Schwanzfedern (Abb. 71d) und dann die Flügel (71e) und die Flügelverzierung (71f) auf beiden Seiten an. Nähe den braunen Untergrund für die Augen auf beide Kopfseiten (71h). Nähe für den Körper das Einsatzstück zwischen die beiden Seitenteile (siehe Abb. 73), fülle den Hahn mit ungesponnener Wolle und nähe danach auch die Vorderseite zu. Zuletzt bekommt der Hahn einen doppelten Kamm und zwei Kehllappen. Die Augen sind aus Perlen. Auf Abb. 72 steht der Hahn auf einer kleinen Holzscheibe, damit er besser steht. Die Standfläche (71b) ist mit Alleskleber darauf befestigt.

Abb. 72

Abb. 73

Abb. 74

Bilder

Einfaches Wandbild

Material:
Filz
ein großes Stück Stoff

Arbeitsvorgang:
Welchen Stoff man als Untergrund für das Wandbild wählt, hängt unter anderem auch davon ab, welches Format entstehen soll. Da reiner Wollfilz ziemlich teuer ist, nimmt man bei größeren Bildern eher ein anderes Material. Für kleinere Bilder ist Filz recht günstig. Da der Filz geschnitten werden kann und nicht ausfranst, können auch kleine Kinder schon ihr eigenes Wandbild machen, indem sie ausgeschnittene Formen auf einen Untergrund nähen oder auch kleben. Das Wandbild kann je nach Können einfach oder kompliziert gestaltet werden. Auf Abbildung 74 sind die Fischformen aufgenäht, die Details aufgestickt. Es ist 45 mal 47 cm groß. In Abbildung 75 und 76 sind Schnitte für einige Fischformen angegeben, man kann sich aber natürlich alle möglichen weiteren Formen ausdenken.

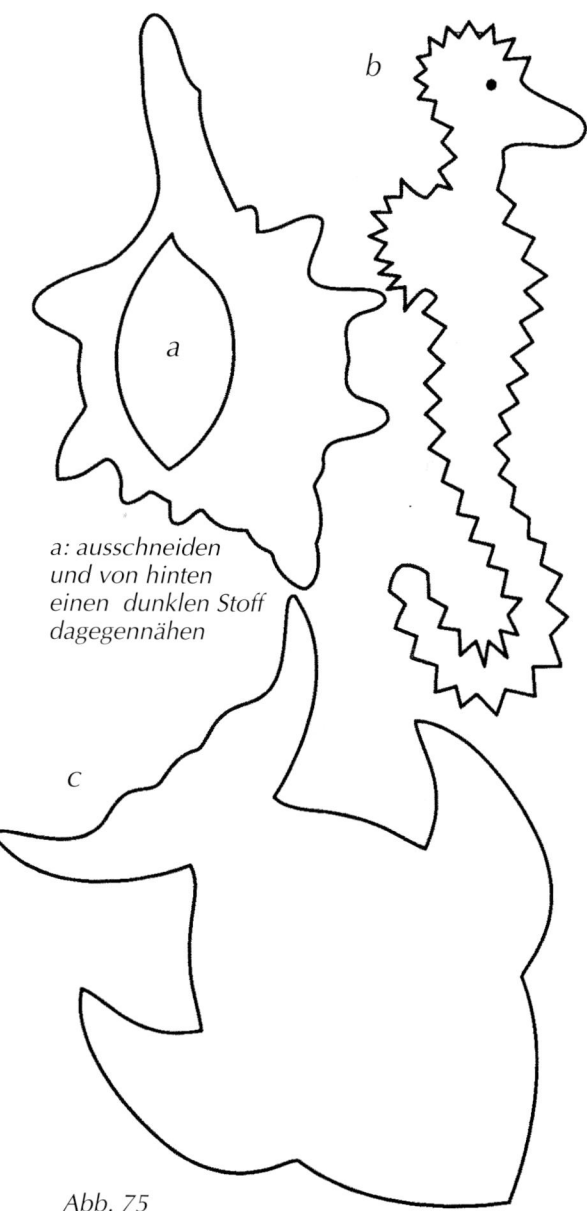

a: ausschneiden und von hinten einen dunklen Stoff dagegennähen

Abb. 75

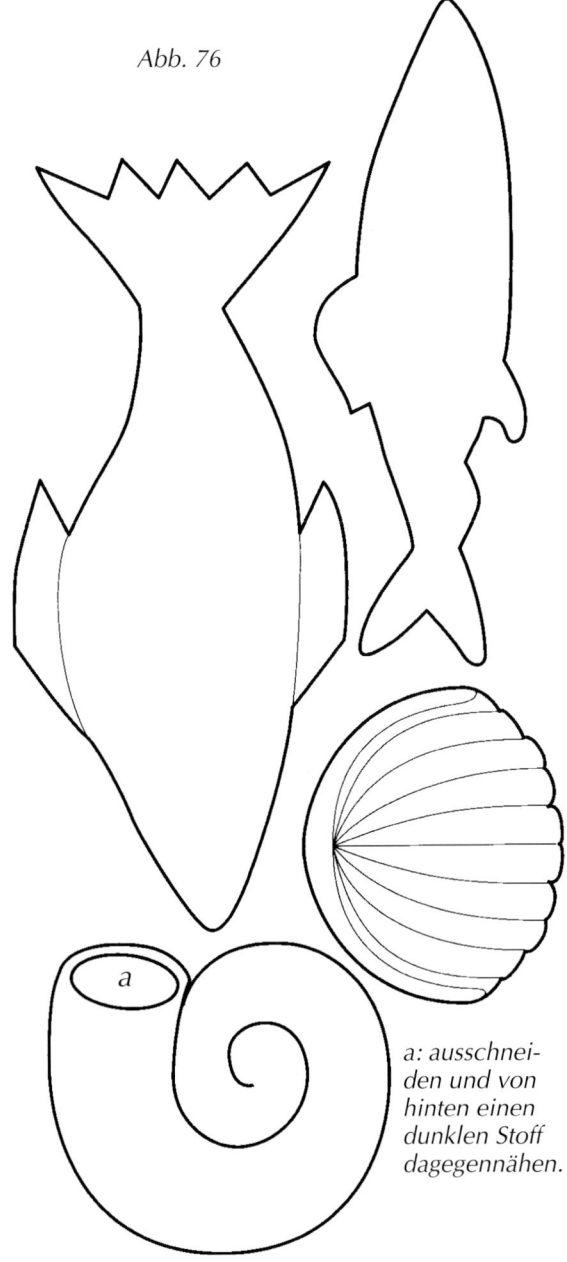

Abb. 76

a: ausschneiden und von hinten einen dunklen Stoff dagegennähen.

Landschaft mit Zwerg

Material:
Filz
Holzleisten für den Rahmen, 80 cm lang, 4 cm breit und 5 mm dick
ein Stück Karton
Pfeifenputzer
ungesponnene Wolle
unlackierte Holzperlen, Durchmesser 12 und 20 mm

Arbeitsvorgang:
Das Bild ist ca. 18 mal 20 cm groß, der Zwerg mit Mütze etwa 14 cm. Man kann auf das Bild alles mögliche aufnähen und sticken: eine Landschaft, Wasser, ein Haus, eine Zimmereinrichtung usw. Das Bild in Abb. 77 ist ganz einfach gehalten. Die Stickerei beschränkt sich hier auf den Baum, könnte aber natürlich auf einige Blumen ausgedehnt werden. Wenn das Bild fertig ist, wird es straff auf den Holzrahmen getackert oder mit kleinen Nägeln festgenagelt. Man kann die Rückseite auch noch mit Karton verstärken. Wenn das Bild größer ist, müssen die Leisten etwas dicker sein. Auf den unteren Rand kann man verschiedene Dinge setzen: einen Zwerg, eine Katze, eine Schnecke usw.

Der Zwerg:
Stelle ein 10 cm großes Grundgerüst aus Pfeifenputzer her, wie auf Seite 34 beschrieben. Arme und Beine werden nun mit Filzlappen umwickelt, die so breit, wie Arme und Beine lang, und ca. 8 cm lang sind. Wickele die Stücke straff auf und beachte dabei, daß die Enden auf der Rückseite des Zwerges vernäht werden.

Abb. 77

Ärmel und Hosenbeine werden nun gut aneinander festgenäht und bilden eine Art Leib. Die Nähte werden nachher durch den Kittel verdeckt. Schneide den Kittel von Abb. 78b aus und streife ihn dem Zwerg über den Kopf. Kräusele um die

Abb. 78

a

Stoffbruch

b

Kittel

Taille zusammen und lege einen Gürtel darum, der im Rücken zusammengenäht wird. Der Zwerg bekommt Haare und einen Bart aus ungesponnener Wolle, die am Kopf festgeklebt wird. Schneide eine Zipfelmütze aus, nähe sie zusammen und klebe sie auf den Kopf.

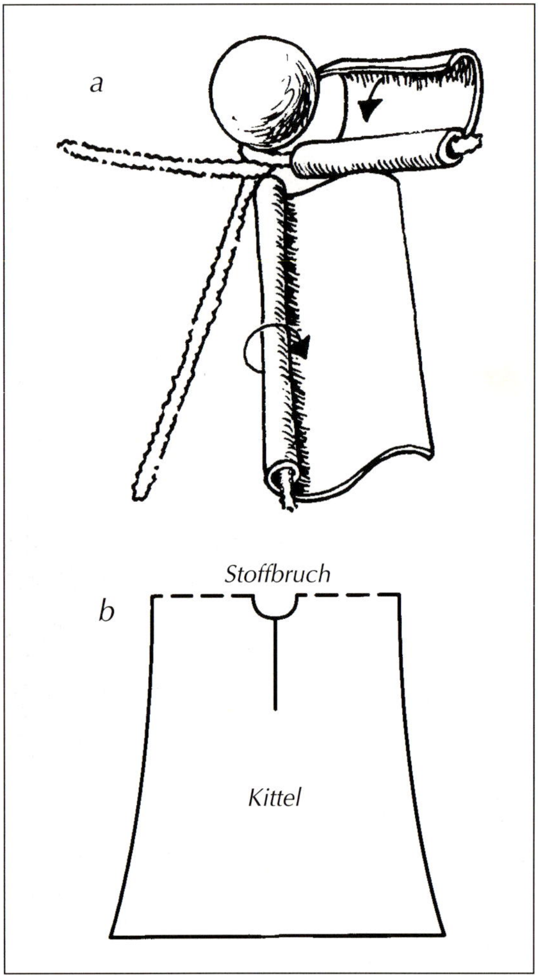

Das erste Buch

Material:
Filz
Stramin

Arbeitsvorgang:
Es ist nett, das erste Buch eines Kindes nicht aus Papier oder Karton, sondern aus Stoff herzustellen. Das ist schön weich, und das Kind kann sich nicht daran weh tun. Da Kinder alles in den Mund stecken, ist es wichtig, die Bilder gut festzunähen! Lege zuerst das Format und die Anzahl Seiten fest, die das Buch haben soll. Letzteres hängt natürlich unter anderem davon ab, wie viele Ideen man hat. Für ein kleines Kind braucht das Buch gar nicht so viele Seiten zu haben; acht bis zehn Seiten – das heißt vier bis fünf aufgeschlagene Blätter – sind schon viel, denn das Kind sieht besonders gerne immer wieder die gleichen Bilder an. Die Darstellungen sollten auch so einfach und erkennbar wie möglich sein.
Da Wollfilz teuer ist, sind die Bücher in Abb. 79 aus Stramin gemacht. Es wird sonst oft zum Stikken verwendet und liegt meist 140 oder 170 cm breit. Die Bilder sind wiederum aus Filz gemacht.

Abb. 79

67

Schneide einen Streifen Stramin aus, der so breit ist, wie das Buch hoch werden soll, zuzüglich einer schmalen Nahtzugabe oben und unten. Falte das Stramin im Zickzack, so daß Seiten entstehen. Falte den Stoff wieder auseinander und markiere mit Bleistift oder Heftfaden die Seitengröße. Schneide die Filzbilder aus und nähe sie auf das Stramin. Falls nötig, kann man durch Sticken Details hinzufügen. Falte den Streifen wieder zusammen und nähe die Seiten zusammen, indem die Nahtzugabe eingeschlagen wird. Alle Seiten sind jetzt also an der Rückseite aneinandergenäht. Vorder- und Rückseite des Buches bleiben als Umschlag frei. Da es in diesem Büchlein um einfache Darstellungen und nicht um die Perfektion geht, habe ich keine Schnittmuster vorgegeben.

Stricken mit der ‹Strickliesel› und Fingerhäkeln

Kinder ab ca. 6 Jahren arbeiten sehr gerne mit der Strickliesel oder häkeln mit den Fingern. Dies sind wunderbare Aufgaben, die jedes Kind nach seiner eigenen Veranlagung bewältigen kann.

Strickliesel

Material:
Strickwolle
eine hölzerne Strickliesel
dicke Stopf- oder Sticknadel mit stumpfer Spitze

Arbeitsvorgang:
Stecke den Anfang des Fadens durch das Loch der Strickliesel und lege den laufenden Faden locker um die erste Drahtschlaufe herum (Abb. 80a). Führe den Faden nun in Uhrzeigersinn schräg über die Mitte zur nächsten Schlaufe und lege ihn gegen den Uhrzeigersinn um die nächste Schlaufe (Abb. 80b). Verfahre bei den zwei übrigen Drahtschlaufen ebenso (80c).Lege nun den Faden hinten über die erste Schlaufe (80d) und hebe mit der Nadel den unteren Faden über den oberen und über die Drahtschlaufe in die Mitte der Liesel (80e). Jetzt wird der Faden immer in Uhrzeigersinn um die Drahtschlaufen gelegt und jedesmal der untere über den oberen Faden gehoben. So entsteht in der Mitte eine Kordel. Dabei muß man immer wieder an dem Ende, daß unten aus der Strickliesel herausschaut, ziehen.

Fingerhäkeln

Material:
Dicke Wolle

Arbeitsvorgang:
Bilde mit der Wolle eine Schlaufe, wie in Abb. 81a gezeigt, und halte die Stelle, an der die Fäden übereinander liegen, mit der einen Hand fest. Ziehe mit zwei Fingern der anderen Hand den Faden durch die Schlaufe (Abb. 81b) und ziehe ihn fest an.

Drehe nun die neu entstandene Schlaufe um, so daß der Faden, der aus dem Knäuel kommt, hinter ihr liegt. Hole den Faden wieder durch die Schlaufe und ziehe an (Abb. 81c). Wenn man so weitermacht, bekommt man das regelmäßige Bild von Abbildung 81d. Wenn der gehäkelte Strang lang genug ist, wird der Faden durch die Schlaufe gezogen und festgezogen. Mit dem gehäkelten Faden kann man viele Dinge machen und verzieren. So ist z.B. die Sonne in Abb. 82 gemacht, indem eine Kordel aus gelber Wolle wie ein Schneckenhaus aufgerollt wurde. Auch die Verzierung auf der Tasche in Abb. 83 ist mit den Fingern gehäkelt.

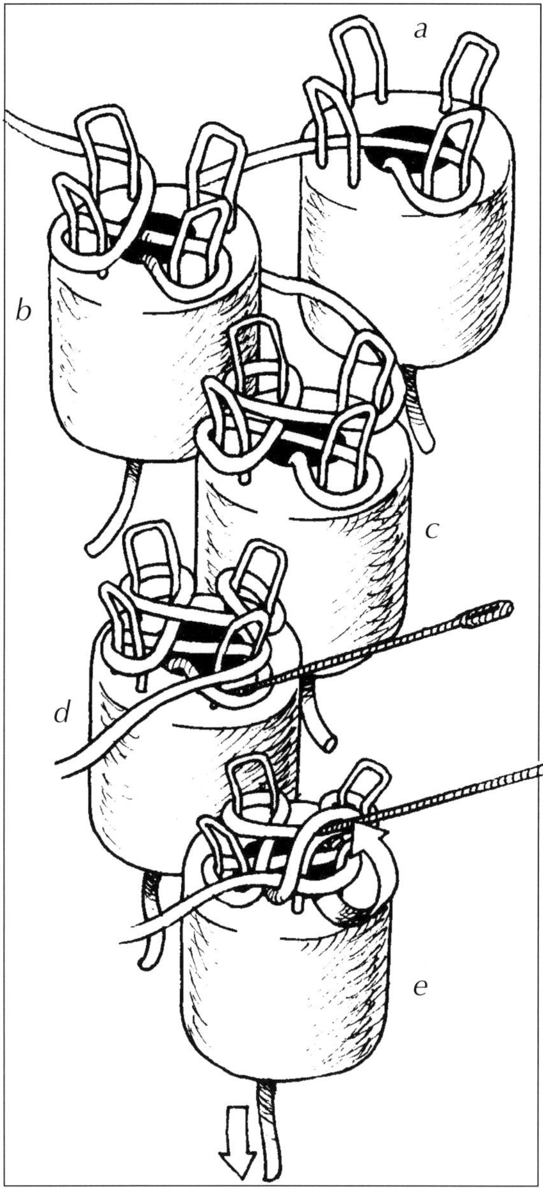

Abb. 81

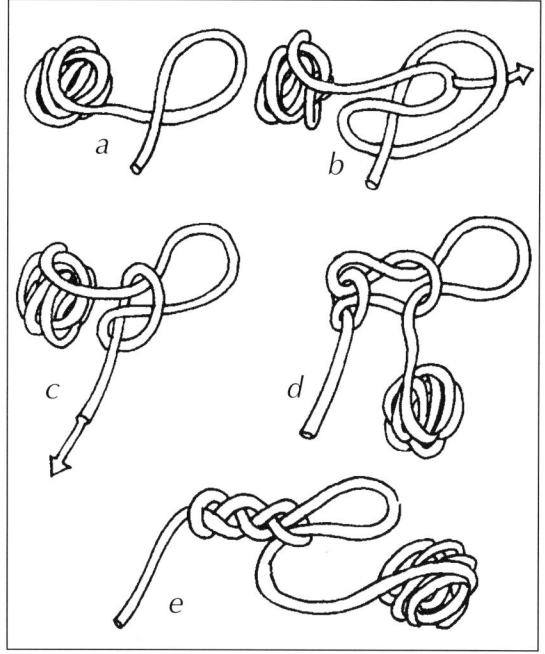

Abb. 80

Bild mit Strickliesel- und Fingerhäkelbändern

Material:
Filz
Strickwolle
Strickliesel und dicke Nadel

Arbeitsvorgang:
Dieses Bild können Kinder gut selber machen. Man wird vielleicht beim Festnähen etwas helfen müssen. Unser Bild ist 15 mal 30 cm groß.

Zuerst wird der Untergrund und die Gegenstände aus Filz, die man darauf haben möchte, ausgeschnitten und aufgenäht. Das Kind kann auf der Strickliesel einen schönen Rahmen herstellen und dabei die Reihenfolge der Farben selbst bestimmen. Auch das Häuschen von Abb. 82 ist so gemacht, während die Sonne mit den Fingern gehäkelt ist.

Abb. 82

Tasche mit fingergehäkelter Verzierung und Trageriemen aus der Strickliesel

Material:
Filz
dicke Strickwolle
Strickliesel
dicke Nadel

Arbeitsvorgang:
Lege ein Stück Filz von 10 mal 18 cm doppelt und nähe beide Seiten zu. Bilde aus einem Stück fingergehäkelter Kordel ein Ornament und nähe

Abb. 83

es auf der Vorderseite der Tasche fest. Befestige dann ein beliebig langes Stück Strickliesel- Werk als Schulterriemen an den Seiten der Tasche.

Tannenbäume und Gras

Material:
Filz
kleine, dünne Holzleisten
Scheibe von einem Ast

Arbeitsvorgang:
Die hier beschriebenen Bäume können einen hübschen Hintergrund für Püppchen und Tiere bilden. Säge die Holzlatten so zurecht, daß sie etwas kleiner sind als die Bäume, die an ihnen befestigt werden sollen. Klebe oder nagele diese Ständer auf eine kleinen Holzscheibe (bei großen Bäumen muß der Durchmesser der Scheibe natürlich größer sein), damit der Baum stehen kann.
Das Gras wird ganz einfach hergestellt, indem ein Streifen Filz an einer Seite ‹grasartig› eingeschnitten und dann auf eine Vierkantleiste geklebt wird, wodurch es stehenbleibt (siehe Abb. 51).

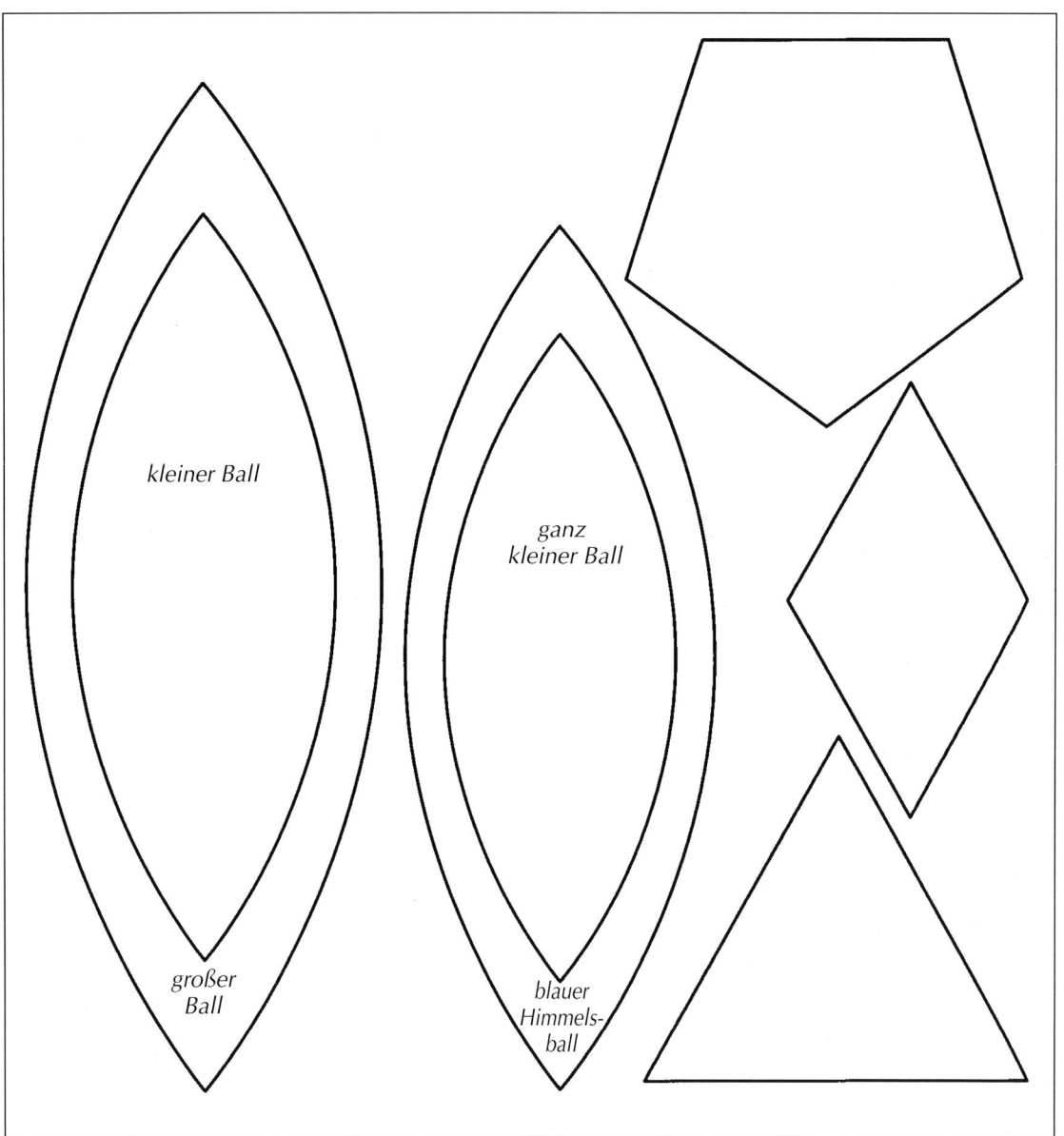

kleiner Ball

ganz
kleiner Ball

großer
Ball

blauer
Himmels-
ball

Abb. 84

Bälle

Die Bälle, die hier beschrieben werden, sind verschieden hergestellt:
- ein Ball aus sechs Teilen
- ein Ball aus zwölf Fünfecken (ein sogenannter Pentagondodekaeder)
- ein Ball aus zwanzig gleichseitigen Dreiecken (ein sogenannter Ikosaeder)
- ein Ball aus zehn Rauten

Material:
Filz
ungesponnene Wolle
Stickgarn

Arbeitsvorgang:
Abbildung 84 zeigt die Schnitteile für die verschiedenen Bälle. Schneide die angegebene Menge (siehe oben) aus und nähe sie mit feinen Stichen aneinander. Auf Abb. 85 ist zu sehen, daß man zum Zunähen der Bälle verschiedene Stiche anwenden kann. Je nach Wunsch kann man für die Nähte Stickgarn in der gleichen Farbe wie der Filz wählen, wodurch sie kaum auffallen. Man kann aber auch eine kontrastierende Farbe nehmen, so daß eine Art Verzierung entsteht. Auf Seite 7 sind verschiedene Sticharten abgebildet.
Filz kann sich dehnen. Daher ist es gut, die einzelnen Stücke zuerst aneinanderzuheften. Nähe den Ball nicht vollständig zu, sondern lasse ein Stückchen Naht offen, durch welches der Ball mit auseinandergezogener Rohwolle gefüllt werden kann. Dann erst wird die letzte Naht geschlossen. Durch unterschiedliche Farben kann man unendlich viele Variationen schaffen. Man kann aber auch einen einfarbigen Ball mit Stickereien oder Bildern aus Filz versehen, wie bei dem blauen Himmelsball in Abb. 85: auf der einen Seite ist der Mond mit einigen Sternen, auf der anderen die Sonne aufgenäht und -gestickt.

Abb. 85

Schmuck

Ketten

Material:
Filz
starker Zwirn
Kettenverschlüsse
verschieden große, runde Stanzformen

Arbeitsvorgang:
Ketten herstellen ist eine wunderbare Beschäftigung für regnerische Nachmittage. Die Kinder können auch selbst welche machen. Für die Ketten genügen Filzreste.

Kette 1:
Der Schnitt in Abb. 86 a zeigt verschiedene Arten von Fähnchen, die als Grundform für die Kette dienen. Das Ganze wird verspielter, wenn man das Format variiert. Schneide die gewünschte Anzahl Fähnchen aus, rolle sie um einen Schaschlikspieß herum auf (von der Basis zur Spitze hin) und nähe die Spitze fest. Ziehe den Spieß heraus und fädele die fertige Perle auf den Zwirn. Wenn die Kette lang genug ist, wird an beiden Enden ein Verschluß angebracht.

Kette 2:
Mit rechteckigen Filzstückchen (Abb. 86b) läßt sich ein ganz andere Effekt erzielen (siehe Abb. 87). Der Arbeitsvorgang ist derselbe. Im Gegensatz zu der vorigen Kette wird hier zwischen die Filzperlen jeweils eine kleine Holzperle gefädelt.

Kette 3:
Für diese Kette kann man ausschließlich Reste verarbeiten, die zu kleinen Quadraten zugeschnitten werden. Sie können verschieden groß sein. Fädele nun abwechselnd ein Quadrat und eine kleine Holzperle bis zur gewünschten Länge auf. Natürlich kann man statt Quadraten auch alle möglichen anderen Formen ausschneiden.

Abb. 86

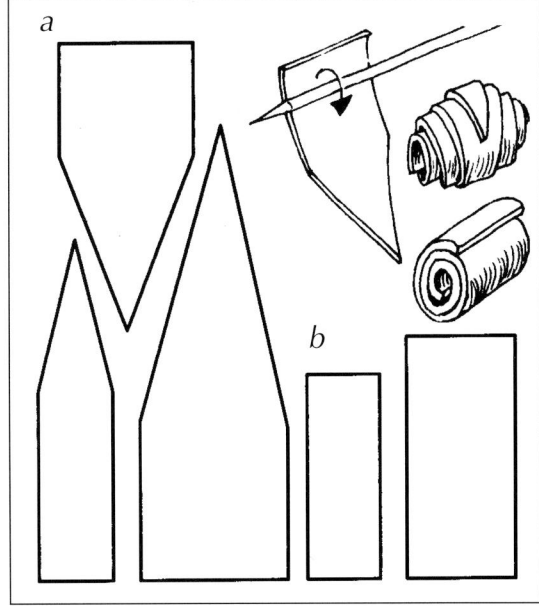

Abb. 87

Kette 4:

Aus kleinen Filzkreisen kann man zahllose Variationen hübscher Ketten machen. Da es schwierig ist, so viele kleine Kreise von Hand auszuschneiden, werden hierfür kleine, runde Stanzen benützt, die im Eisenwarenhandel erhältlich sind. Lege das Filzstück auf ein kleines Holzbrett und stanze die Kreise aus. Bei der Kette auf Abb. 87 haben die Kreise einen Durchmesser von 6, 8, 10 und 12 mm. Zwischen die Kreise wird jeweils eine Holzperle aufgefädelt. Bei der abgebildeten Kette sind immer zwei Kreise der gleichen Größe hintereinander gereiht, also zwei mit 6mm, zwei mit 8mm, zwei mit 10mm und zwei mit 12 mm. Danach werden die Kreise wieder kleiner. Für eine Farbgruppe werden also 14 Kreise gebraucht. Selbstverständlich kann man hier auch ganz anders vorgehen. Bei der abgebildeten Kette ist die Farbgebung auch symmetrisch gewählt, das heißt, daß die Farben, ausgehend vom Verschluß, spiegelbildlich angeordnet sind, nur die mittlere Gruppe hat eine eigene Farbe.

Ohrringe

Bei den zu der Kette gehörenden Ohrringen geht man im Prinzip genauso vor. In den abgebildeten Ohrringen sind die gleichen Farben wie bei der Kette verwendet worden, aber man kann sie natürlich auch einfarbig machen. Fädele, vom Ohrhänger ausgehend, eine Reihe auf und schließe

Abb. 88

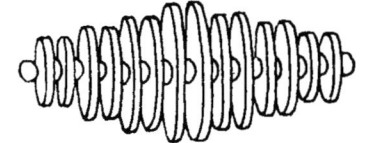

sie mit zwei kleinen Holzperlchen und einer weiteren Filzscheibe ab. Dann kommt eine zweite Reihe daneben, die unten mit der ersten zusammengeführt wird (siehe Abb. 87 und 88).

Harlekinbrosche

Material:

Filz
zwei Perlen, Durchmesser 7 mm
drei Perlen, Durchmesser 5 mm
eine Perle, Durchmesser 15 mm
kleine Perlchen
dickes, farbiges Nähgarn
Sicherheitsnadel

Arbeitsvorgang:

Der Harlekin in Abb. 89 und 90 besteht aus runden und ovalen Scheiben, die mit jeweils einer Perle dazwischen aufgefädelt werden. Wähle die Farben aus und schneide oder stanze die Kreise und Ovale aus. Die Ovale haben ungefähr die doppelte Breite wie die Kreise.
Der Harlekin ist aufgebaut aus:
10 Kreisen pro Bein (Durchmesser 14 mm)
8 Ovalen, 25 mm breit, für den Leib,
8 Kreisen pro Arm (Durchmesser 12 mm).

Zuerst werden die Beine gemacht. Lege die Kreise in die gewünschte Reihenfolge. Ziehe einen mindestens 30 cm langen Faden durch eine der Perlen mit 7 mm Durchmesser, führe das Ende des Fadens um die Perle herum und fädele es zum Anfang auf die Nadel. Die Perle bildet den Fuß. Fädele nun abwechselnd die Filzkreise und kleine Perlchen auf den doppelten Faden, bis es je zehn sind.

Lege dieses erste Bein mit der Nadel daran beiseite und wiederhole das Ganze für das zweite Bein. Reihe nun die ovalen Filzstücke für den Leib auf beide Beinfäden auf. Dazwischen kommt auf jeden Faden je ein Perlchen. Bei den letzten beiden Ovalen rücken die Fäden und damit auch die Perlen immer dichter zur Mitte hin (siehe Abb 90). Die Arme werden wie die Beine gemacht; als Hände dienen die Perlen von 5 mm Durchmesser. Nach dem letzten runden Filzstück werden auf die Arme zwei Perlchen gereiht, wonach der Faden von unten durch die Mitte des letzten Ovals des Leibes mit hindurchgezogen wird. Nun werden alle Fäden (von Armen und Beinen) durch die große Perle gezogen.

Da das Loch dieser Perle recht groß ist, werden die Fäden noch auf eine kleinere Perle gefädelt und oben durch einen Knoten befestigt. Nun braucht der Harlekin noch eine Zipfelmütze: dafür wird ein Filzstück von ungefähr 4 mal 5 cm rund um den Kopf geklebt, zurechtgeschnitten und hinten zugenäht. Die Fäden, auf denen der ganze Harlekin aufgefädelt ist, können gut als Quaste oben aus der Mütze herausschauen. Sie müssen allerdings mit einigen Stichen festgenäht werden. Nähe das letzte runde Armstück an der Hinterseite am vorletzten Oval der Leibes fest, damit die Arme schön seitlich hängen bleiben. Befestige schließlich eine Sicherheitsnadel an Mütze und Körper: die Brosche ist fertig.

Abb. 89

Abb. 90

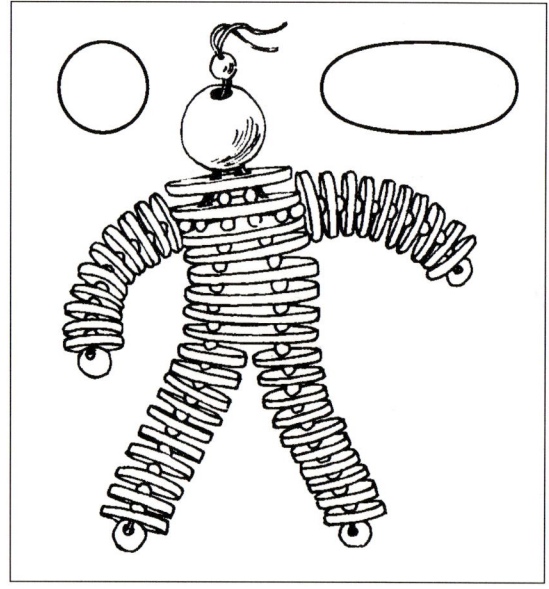

Clownbrosche

Material:
Filz
weiße Perle
kleine rote Perlen
Sicherheitsnadel
dünner Draht

Arbeitsvorgang:
Kopf und Arme dieses Clowns werden auf die gleiche Weise hergestellt, wie der Zwerg auf Seite 36 (siehe Abb. 40). Allerdings wird nur das Oberteil gemacht, der untere Teil bleibt weg. Der Schnitt in Abb. 91 a–e enthält: ein Jäckchen, eine Hose, Füße und eine Mütze. Schneide das Jäckchen am Rückenteil so ein, daß es um den Oberkörper gelegt und festgenäht werden kann. Nähe Vorder- und Rückteil der Hose mit Festonstichen aneinander. Dabei werden gleich die Füße mit zwischen die Teile genäht. Befestige die Hose an der Jacke und kräusele die Taille etwas ein. Klebe die Mütze an den Kopf und sticke als Verzierung Schlaufen rund um's Gesicht (siehe Abb. 89). Befestige zuletzt eine Sicherheitsnadel senkrecht an der Hose.

Zwergenbrosche

Material:
Filz
Perlchen für Kopf, Hände und Füße
dünner Draht
Sicherheitsnadel

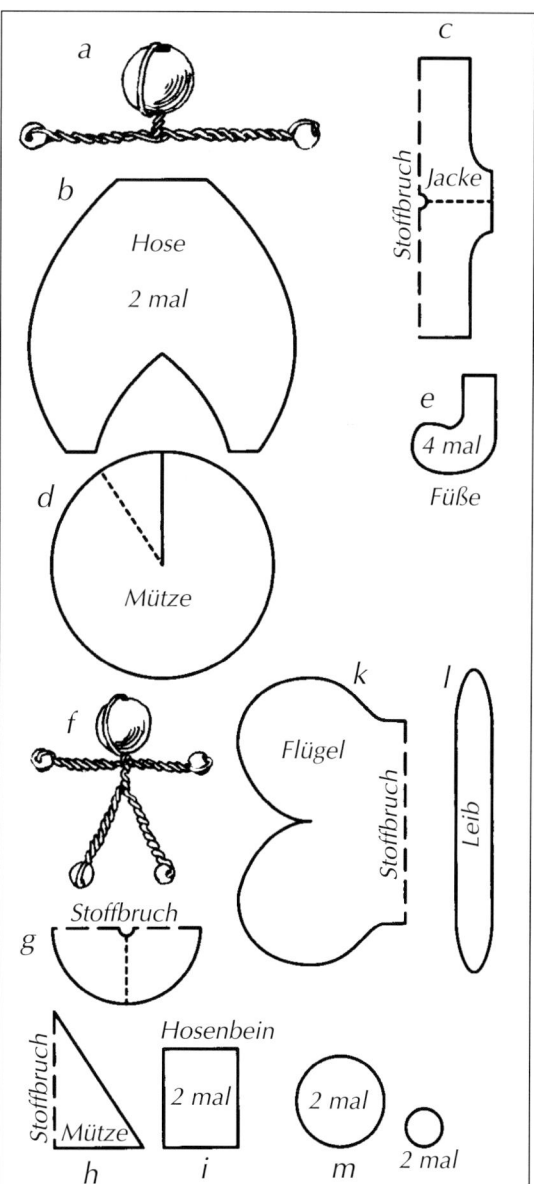

Abb. 91

Arbeitsvorgang:

Der Zwerg wird wie der auf Seite 36 gemacht, nur sehr viel kleiner und ohne, daß er mit Wolle umwickelt wird (siehe Abb. 89 und 91 f–j). Schneide die Schnitteile aus. Nähe die Hosenbeine um die fertigen Beine fest. Schneide die Rückseite des Kittels ganz auf, deute einen Halsausschnitt an, lege den Kittel um Arme und Leib und nähe ihn fest. Schließe die Naht der Zipfelmütze und klebe diese auf dem Köpfchen fest. Nun bekommt der Zwerg noch einen Schal aus einem dünnen Filzstreifen oder Strickwolle. Zum Schluß wird die Sicherheitsnadel an der Rückseite angenäht.

Schmetterlingsbrosche

Abb. 92

Material:
Filz
Sicherheitsnadel

Arbeitsvorgang:

Der Schnitt für den Schmetterling ist in Abbildung 91 k–m aufgeführt. Schneide die Flügel aus und nähe runde Filzstücke darauf. Versäubere die Kanten der Flügel mit einem Zierstich, z.B. einem Festonstich. Nähe die zwei Teile für den Leib aufeinander und dann auf die Flügel. Befestige zuletzt die Sicherheitsnadel an der Rückseite.

Geschenke

Püppchen in einer Streichholzdose

Material:
Filz
kleines Püppchen von 3 cm Höhe
Streichholzschachtel

Arbeitsvorgang:
Schneide ein Stück Filz aus, das genau um den äußeren Teil der Streichholzschachtel paßt. Verziere den Stoff, z. B. mit aufgestickten oder -genähten Blumen, und klebe ihn um die Schachtel. Die Innenseite der Schachtel wird mit weißem Filz ausgelegt. Bekleide den Leib des hölzernen Püppchens mit rosa Filz, wobei Ober- und Unterkante gekräuselt wird, so daß es vollkommen geschlossen ist. Die Arme entstehen aus einem 1 mal 4 cm großen Streifen Filz, der der Länge nach zusammengenäht wird. Dabei werden am Ende ganz kleine Filzstücke für die Hände mit eingenäht. Befestige die Arme an ihrer Mitte am Rücken der Puppe. Schneide für die Mütze ein Filzstück von 1,5 mal 2,5 cm aus, lege es doppelt, schließe die hintere Naht und nähe das Mützchen am Kleid fest. Zuletzt wird ein farbiges Stückchen Filz als Decke in die Streichholzschachtel gelegt.

Buchzeichen

Material:
Filz

Arbeitsvorgang:
Ein Buchzeichen können auch Kinder leicht herstellen. Schneide einen schmalen Filzstreifen, z. B. 4 mal 16 cm, aus. Dieser kann nach Lust und Laune verziert werden, indem etwas daraufgenäht oder -gestickt wird. Man kann die Ränder mit einem Festonstich (siehe Abb. 1) versäubern. Eventuell näht man ein Stück Futterstoff auf die Rückseite, damit die Fäden nicht zu sehen sind.

Etui für einen Kamm

Material:
Filz

Arbeitsvorgang:
Wähle erst einen geeigneten Kamm aus und schneide zwei Stücke Filz entsprechend zu. Verziere eines der Stücke, und nähe dann beide Teile mit einem Zierstich aneinander, wobei eine Schmalseite offenbleibt.

82

Abb. 93

Etui für eine Schere

Material:
Filz
dünner Karton

Arbeitsvorgang:
Schneide die Rückseite des Etuis zweimal aus
Filz aus (Abb. 94), und gleichzeitig einmal aus
Karton, aber rundum etwa 2 mm kleiner. Lege
den Karton zwischen die Filzstücke und nähe
diese mit unsichtbaren Stichen aneinander.
Schneide nun die Vorderseite aus und verziere
sie. Nähe Vorder- und Rückseite aneinander und
versäubere das Etui rundum mit Festonstich
(Abb. 1).

Geldbeutel

Material:
Filz
Knöpfe oder Druckknöpfe

Arbeitsvorgang:
Schneide aus Abbildung 95 folgende Teile aus:
einmal das Ganze, also Rückseite und Über-
schlag, dann das Vorderteil (b) und eine Verstärkung der Klappe (a). Verziere die Klappe, die am
Rückenteil fest ist, und nähe die Verstärkung von
hinten dagegen. Nähe dann das Vorderteil mit
einem Zierstich am Rückteil an. Zuletzt werden
ein oder zwei Druckknöpfe angebracht.

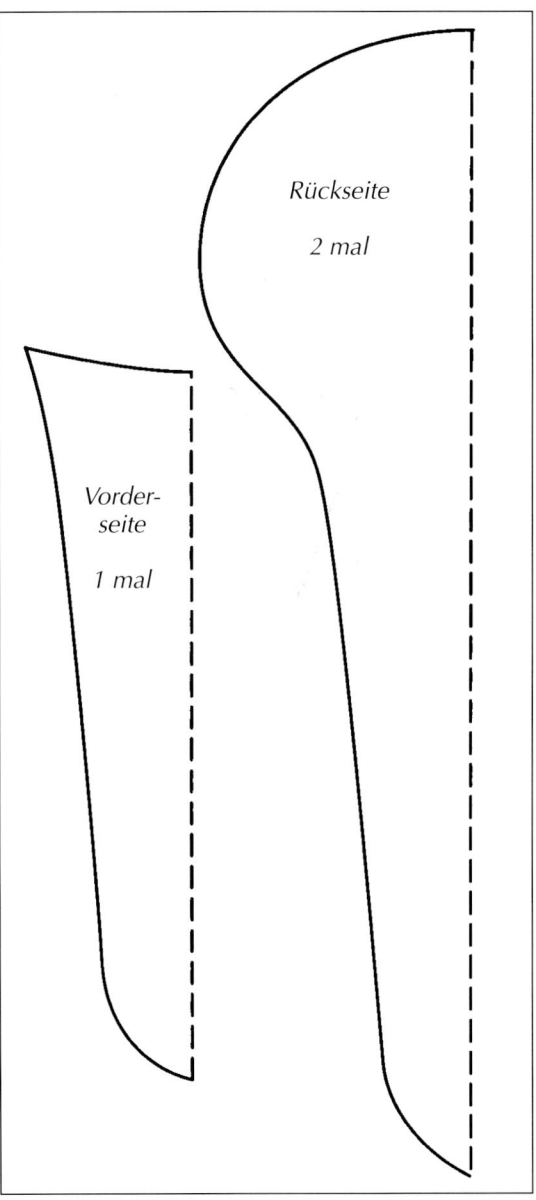

Abb. 94
Schnitt Scherenetui

Rückseite
2 mal

Vorder-
seite
1 mal

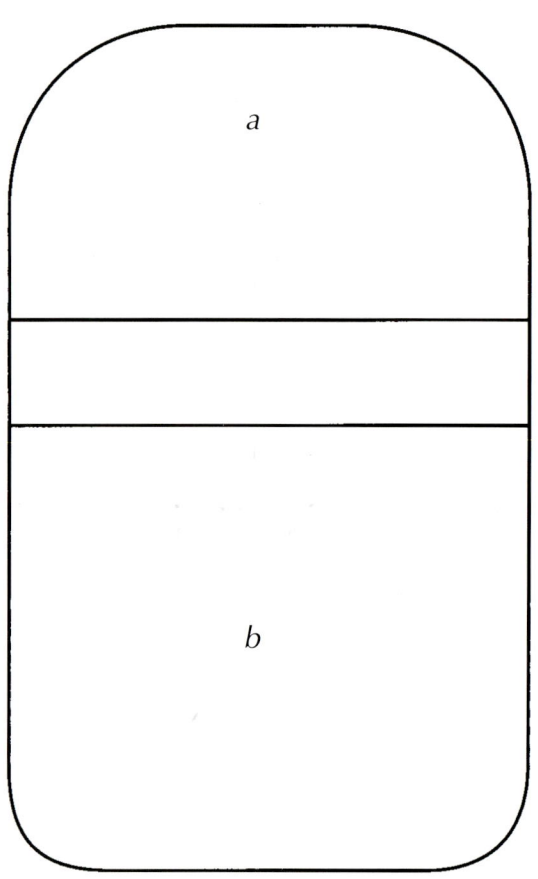

Verzierte Dosen

Material:
Filz
Dosen aus Holzspan

Arbeitsvorgang:
Man kann in Bastelgeschäften Dosen aus Holzspan in allen möglichen Größen kaufen. Beklebe die Außenseite mit Filz, wobei der obere Rand so weit frei bleiben muß, daß der Deckel noch darauf paßt. Schneide nun ein passendes Stück für die Oberseite aus und verziere es. Man kann es besticken, Filzbilder darauf kleben, oder beides zusammen.

Abb. 96

Abb. 95   Schnitt Geldbeutel

Das Röschen (Abb. 96) besteht aus zwei verschieden großen Kreisen, die an vier Stellen bis in die Mitte eingeschnitten werden. Die Spitzen werden in der Mitte des Kreises befestigt; so entstehen die Blütenblätter. Nähe dann die beiden Rosetten ineinander und nähe die Blüte am Filzstück an. Das Stück wird dann auf den Deckel der Dose geklebt und, wenn nötig, am Rand noch zurechtgeschnitten.

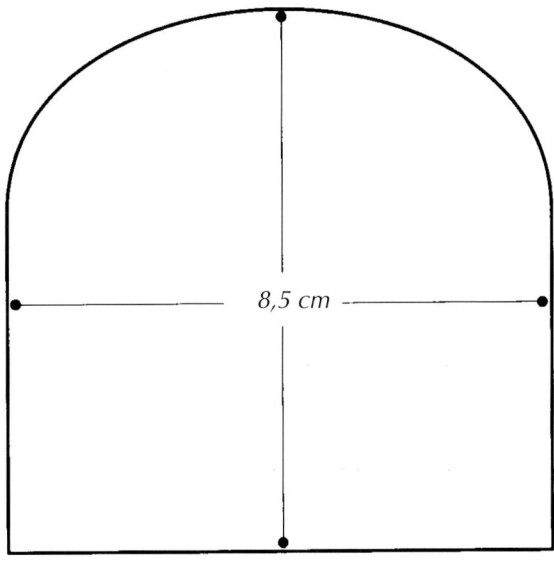

Abb. 97   Schnitt Eierwärmer 1

Eierwärmer

Material:
Filz
ungesponnene Wolle
Stickgarn
kleine Perlchen

Eierwärmer 1 (Abb. 97)
Schneide das Teil aus Abbildung 97 zweimal aus und verziere beide Seiten, bevor sie aneinandergenäht werden. Man kann z. B. etwas daraufsticken, oder Blumen aus Filz ausschneiden und aufnähen.

Eierwärmer 2 (Abb. 98)
Schneide das Teil aus Abbildung 98 viermal aus und nähe die Stücke mit halben Kreuzstichen (siehe Abb. 1) zusammen. Nähe an der Spitze eine Schlaufe mit ein. Der Eierwärmer kann mit einem Streifen Filz geschmückt werden, der zuerst verziert und dann aufgenäht wird.

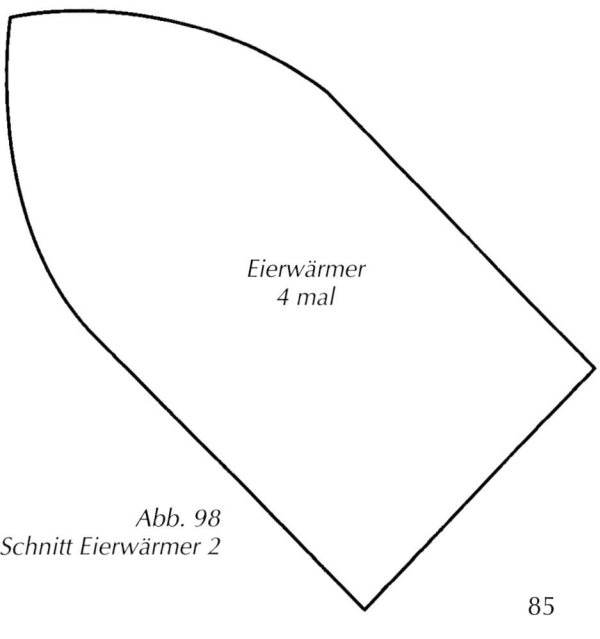

Eierwärmer
4 mal

Abb. 98
Schnitt Eierwärmer 2

Abb. 99

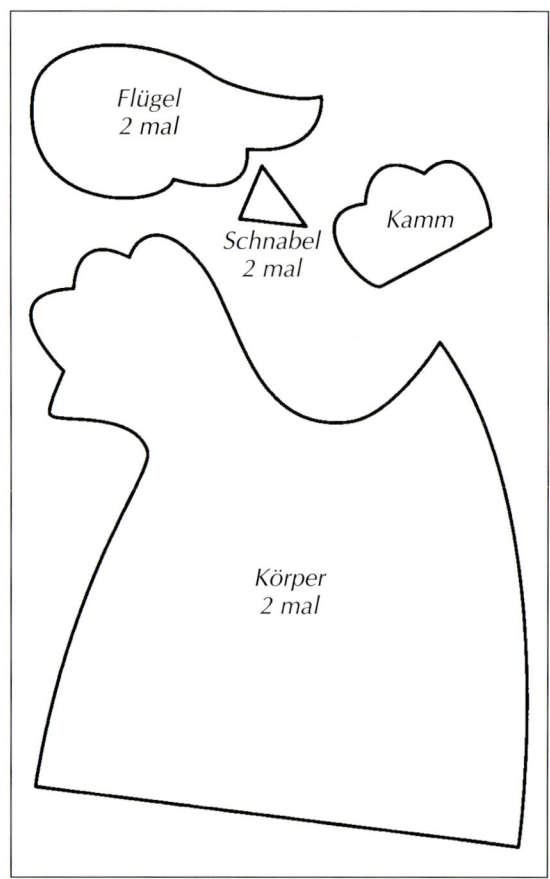

Abb. 100

Eierwärmer 3, Hühnchen

Schneide von dem Schnitt in Abb. 100 je zweimal den Leib, die Flügel und den Schnabel, und
einmal den Kamm aus. Nähe die Flügel an den
Leib. Nähe dann die beiden großen Teile mit Festonstich aneinander, wobei der Kamm mit eingenäht wird. Die Unterkante wird ebenfalls mit
Festonstich versäubert. Befestige schließlich die
beiden Schnabelteile an der richtigen Stelle und
fülle den Kopf mit wenig Wolle. Zuletzt werden
die Perlchen als Augen aufgenäht.

Bezugsquellen

**Wollfilz, ungesponnene Wolle,
Märchenwolle, Trikotstoff sind zu erhalten bei:**

Kunst und Spiel
Hammerschmiedstraße 17
86492 Egling
Tel. (0 82 06) 70 77
Fax (0 82 06) 60 62

Pflanzenfärberei Neckarmühle
Wollverarbeitung · Schafwollteppiche · Schaffelle
Husarenhofstraße 14
74379 Ingersheim 2
Tel. (0 71 42) 5 27 37
Fax (0 71 42) 5 44 69

De Wullstuuv
Naturwarenhandel und -versand
Heimstättenweg 38
24220 Flintbek
Tel. (0 43 47) 43 43
Fax (0 43 47) 86 22

Das bunte Jahr

Frühjahrsschmuck

Anregungen zum Basteln und Schmücken
von Thomas und Petra Berger
88 Seiten mit zahlreichen farbigen Abbildungen
und Fotos, gebunden

Herbstschmuck

Anregungen zum Basteln und Schmücken
von Thomas Berger
80 Seiten mit zahlreichen Abbildungen und farbigen
Fotos, gebunden

Weihnachten

Anregungen zum Basteln und Schmücken
von Thomas Berger
86 Seiten mit zahlreichen farbigen Abbildungen und
Zeichnnungen, gebunden

Jahreszeitentische

Anregungen zur Gestaltung des Jahreslaufs in der
Familie von Marjolein van Leeuwen und Jos Moeskops
96 Seiten mit zahlreichen farbigen und schwarzweißen
Abbildungen, gebunden

Transparente Bilder und Rosetten

Anregungen zum Basteln mit Seidenpapier von
Helga Meyerbröker.
77 Seiten mit zahlreichen farbigen Abbildungen,
gebunden.

Das Puppenspielbuch

Praktische Anleitungen und Geschichten von
Christiane Kutik.
108 Seiten mit zahlreichen farbigen und schwarzweißen
Abbildungen, gebunden.

**Spielen und Basteln
mit Büchern aus dem
Verlag Freies Geistesleben**